KUNTERBUNT
Sachbuch 2

Herausgegeben von
Horst Bartnitzky und Hans-Dieter Bunk

Erarbeitet von
Horst Bartnitzky, Hans-Dieter Bunk,
Wiebke Dierks, Beate Horländer
und Anja Schüürmann

Ernst Klett Grundschulverlag
Leipzig Stuttgart Düsseldorf

Inhalt

Diese Zeichen helfen dir

Das hilft dir weiter.

Lies nach. Das könnte dich interessieren.

Denk mal weiter darüber nach.

Sei besonders vorsichtig! Lass dir von Erwachsenen helfen!

Zurück in der Schule

Eine neue Sitzordnung

Wie sollen die Tische stehen? Wie wollen wir sitzen?

▶ Was ist für euch wichtig bei der Sitzordnung?

Helfer für Klasse 1

Wer gerade in die Schule gekommen ist, freut sich über jede Hilfe.

▶ Überlegt, wie ihr den Kindern aus der 1. Klasse helfen könnt.

Eine Leseecke

Die Kinder lesen gerne. Deshalb haben sie mit den Eltern eine Leseecke eingerichtet.

Leseecke

- Regale, Kisten,
- Bücher, Comics,
- Zeitschriften,
- Kissen, Decke

▶ Plant eure eigene Leseecke.

Ein Ausstellungstisch

In der Klasse steht ein Tisch. Dort können die Kinder immer etwas Neues ausstellen.

Ideen für Ausstellungen

- Mein Lieblings-spielzeug
- Bilder von früher
- Aus Omas Küche
- Verschiedene Werkzeuge
- Meine Steinsammlung
- Bunte Blätter
- Muscheln von der See

▶ Wie könnten die Ferienmitbringsel geordnet werden?

Ohne Regeln geht es nicht

Denk mal …

Gibt es eine Regel, die alle in der Klasse gut finden?

▶ Was gefällt euch, was gefällt euch nicht?

So geht es auch:

Diensteplan

- Holzklammern mit Namen der Kinder
- Zeichen für Dienste

▶ Welche Dienste wollt ihr einrichten?

▶ Worauf achtet jeder selbst?

Auch ein Gespräch braucht Regeln.

Gesprächs-regeln

1. Wir sprechen laut und deutlich.
2. Wir hören zu.
3. Wir melden uns.
4. ...

▶ Welche Gesprächsregel haltet ihr noch für wichtig?

Beim Arbeiten können Zeichen helfen.

▶ Was bedeuten diese Zeichen?

▶ Welche Zeichen gibt es bei euch?

Miteinander reden

Es kommt immer wieder vor, dass Kinder miteinander Streit haben.

▶ Was ist hier wohl passiert?

Oft können Probleme durch ein Gespräch gelöst werden.

Regeln für das Problemgespräch

1. Die Streitenden wollen das Gespräch.
2. Ein drittes Kind leitet das Gespräch.
3. Die anderen Kinder hören zu.
4. Der Gesprächsleiter fragt nach Lösungsvorschlägen.
5. Die Streitenden sprechen über die Vorschläge.

▶ Übt so ein Gespräch. Wie löst ihr eure Probleme?

In vielen Klassen findet am Ende der Woche eine Gesprächsrunde statt.
Die Kinder sammeln Themen, die ihnen wichtig sind.

▶ Welche Themen gibt es bei euch?

Die Kinder blicken auf die Schulwoche zurück.

▶ Wie wollt ihr eure Gesprächsrunde planen?

Was ich alles kann

Unsere Sinne

Augen, Ohren, Nase, Haut und Zunge sind unsere fünf Sinnesorgane. Mit ihnen können wir sehen, hören, riechen, fühlen und schmecken.
Durch die Sinnesorgane erfahren wir vieles über die Welt.

▶ Welche Sinne gebrauchen die Kinder?

Wir können tasten und fühlen

Mit den Händen können wir tasten und fühlen.

Die Haut

Die Haut ist unser größtes Sinnesorgan. Mit ihr spüren wir Temperaturen und Berührungen. Wenn die Haut sehr gereizt wird, empfindet sie Schmerzen.

Tast-Schachtel

- 1 Schuhkarton
- Stoff
- Schere
- Kleber
- Dinge zum Hineinlegen

▶ Stelle deine eigene Tast-Schachtel her. Lege Dinge hinein. Beschreibe, was du fühlst: kalt, warm, rau …

Auch mit unseren Füßen können wir tasten und fühlen.

Fußpfad

- Kartondeckel oder Obstkisten
- Knüllpapier
- Seile
- Steine …

▶ Gestaltet einen eigenen Fußpfad.

Unsere Augen

> **Denk mal ...**
> Auch wenn du die Augen schließt, hast du Bilder im Kopf. Wie kommen die hinein?

Mit den Augen nehmen wir die meisten Informationen auf. Das Auge besteht aus verschiedenen Teilen. Die äußeren Teile kannst du gut erkennen.

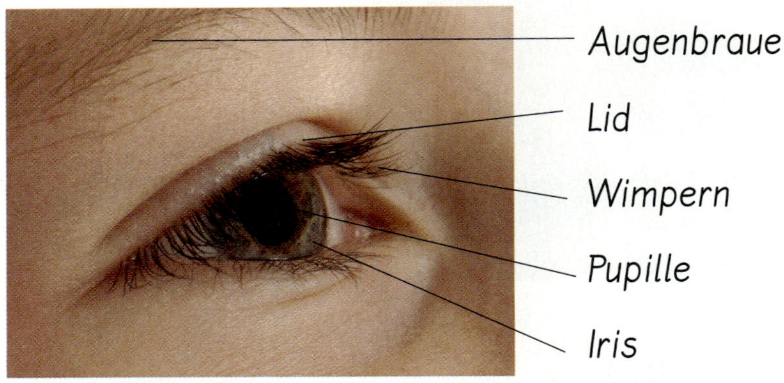

- ▶ Nimm dir einen Spiegel. Schau dir deine Augen genau an und zeichne sie.
- ▶ Gehe reihum. Schaue den anderen Kindern in die Augen. Welche Unterschiede stellst du fest?

Die Augen schützen sich.

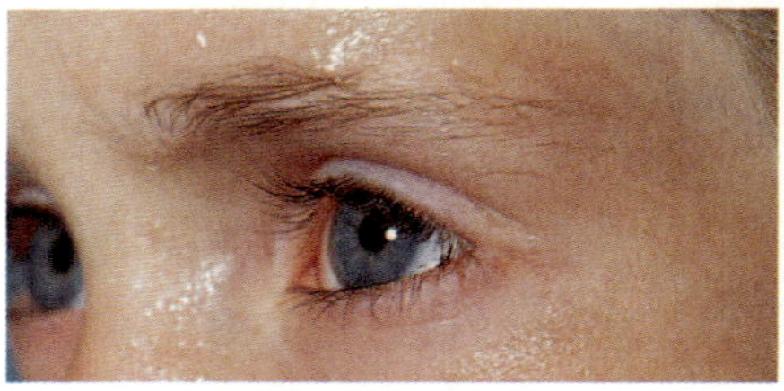

Tropfe vorsichtig Wasser auf die Stirn deines Partners.

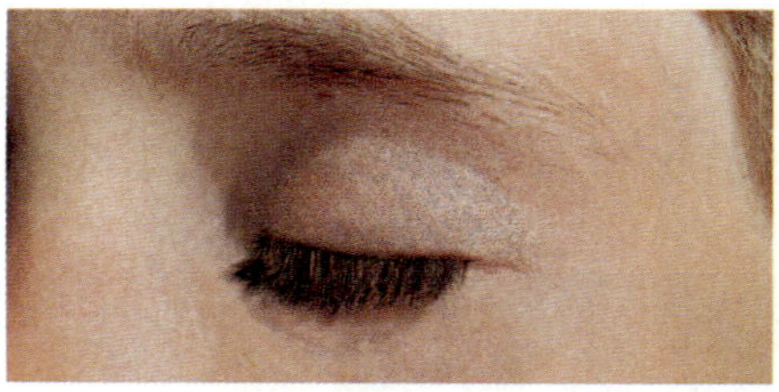

Mache mit der Hand eine schnelle Bewegung vor dem Auge deines Partners.

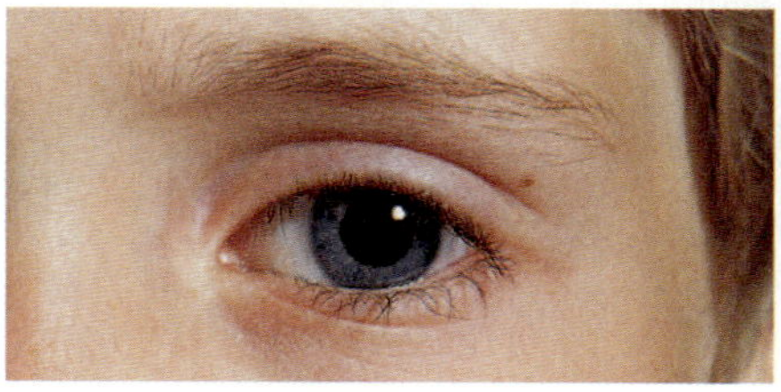

Schau die Pupille deines Partners an. Er schließt die Augen. Beobachte sie sofort nach dem Öffnen.

- ▶ Was stellst du fest?

> **Augenschutz**
> Brillen helfen Menschen mit Sehstörungen, wieder scharf zu sehen. Es gibt auch Brillen, die die Augen schützen: Sonnenbrille, Schwimmbrille, Schneebrille, Taucherbrille, Schweißerbrille, Arbeitsschutzbrille.

Die meisten Menschen können Farben unterscheiden.

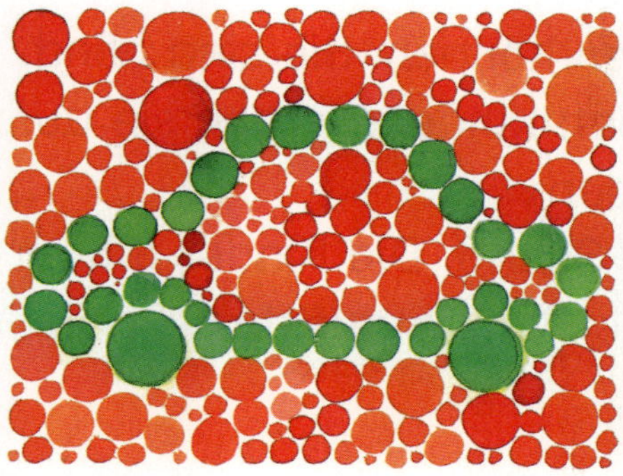

Farbenblind sein

Manche Menschen können Farben nicht richtig sehen.
Das nennt man Farbenblindheit.
Meistens werden die Farben Rot und Grün nicht richtig erkannt.

▶ Kannst du bei diesen Mustern etwas erkennen?

Hier kannst du einen Sehtest machen.

▶ Kannst du aus 1 m Entfernung alles gut sehen?

Manchmal täuschen uns unsere Augen.

▶ Sind beide Vierecke gleich? Vermutet und überprüft.

Mit den Fingern lesen

Es gibt Kinder, die nichts sehen können. Sie sind blind. Zusammen mit anderen blinden Kindern lernen sie auf andere Art Lesen und Schreiben.
Dafür gibt es eine besondere Schrift. Die Kinder fühlen mit den Fingerspitzen erhöhte Punkte auf dem Papier.

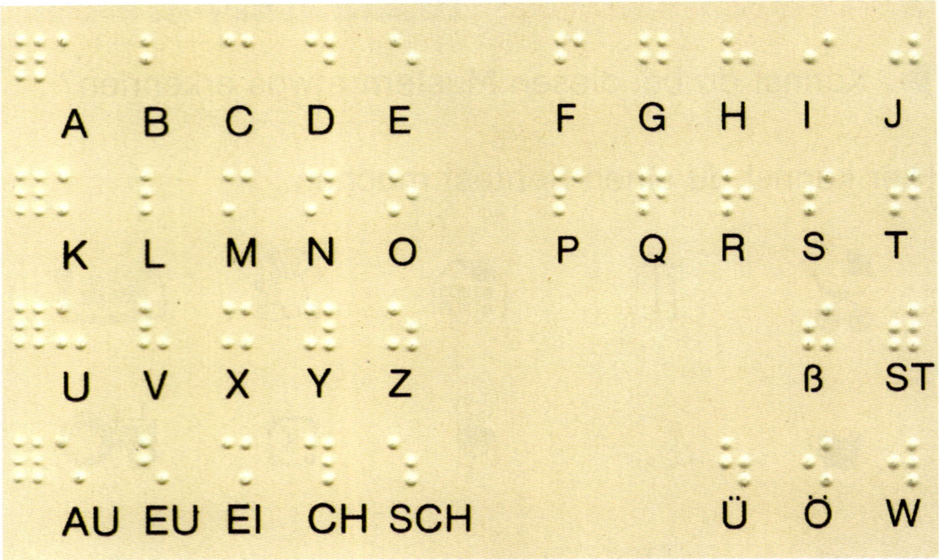

Blindenschrift
Der französische Blindenlehrer Louis Braille erfand vor über 150 Jahren diese Punktschrift. Sie wird auch Brailleschrift genannt.

▶ Schreibe deinen Namen in Blindenschrift.

Dieses Fühlbuch haben Kinder hergestellt. Man kann es mit den Augen und den Fingerspitzen lesen.

Fühlbuch
- Pappe
- Stoffe
- Fell
- Knöpfe u. a. Materialien
- Kleber
- Schere

▶ Entwirf deine eigene Fühlbuchseite.

Unsere Ohren

Mit den Ohren hören wir z. B. Geräusche, Stimmen und Töne. Ohren sehen verschieden aus.

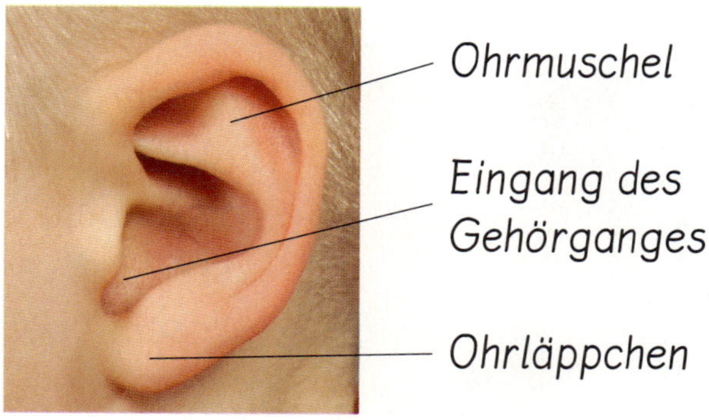

Gleichgewichtssinn

In unserem Ohr befindet sich auch das Gleichgewichtsorgan. Es heißt Schnecke. Wenn wir uns ganz schnell im Kreis drehen, kommt die Schnecke durcheinander und uns wird schwindelig.

Woher kommt der Ton?

▶ Schlagt verschiedene Instrumente an.

Geräusche unterscheiden – besser hören

▶ Suche durch Schütteln und Hören die beiden gleichen Dosen.

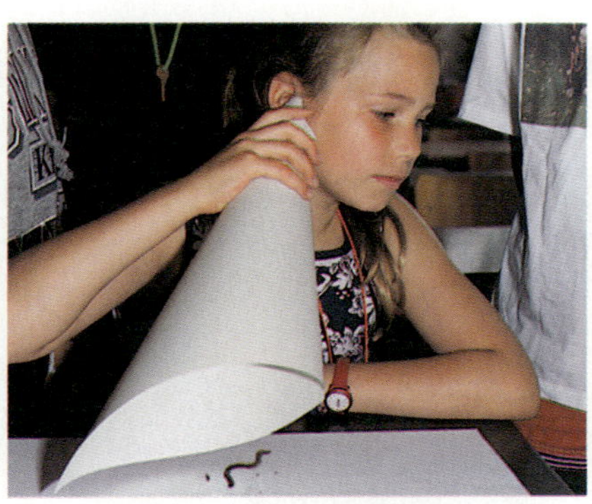

▶ Höre mit und ohne Hörrohr z. B. einen Wurm, einen Wecker ticken …

Geräuschmemory

Jeweils zwei Filmdosen:
- 5 Holzperlen
- gleiche Menge Sand, Reis, Haferflocken …

Hörrohr
- großes Blatt Papier
- Kleber oder Klebestreifen

Unsere Nase

Mit der Nase kannst du riechen. Jeder Mensch nimmt Gerüche unterschiedlich wahr. Was für den einen gut riecht, kann für den anderen unangenehm sein.

Nase

Mit dem Geruch ist der Geschmackssinn ganz eng verbunden. Wenn etwas gut riecht, schmeckt es dir auch gut. Wenn du Schnupfen hast und nichts riechen kannst, schmeckt es meist auch nicht so gut.

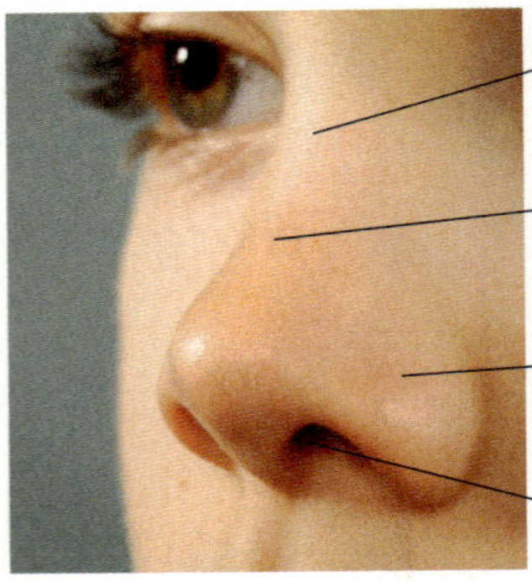

Gerüche unterscheiden

Geruchs-memory

- Jeweils zwei Filmdosen mit Pfefferminz, Zimt, Seife ...
- oder Wattebäusche mit Essig, Duftöl, Duschgel ...

▶ An welchen Geruch erinnerst du dich gut?

▶ Wovor warnt hier der Geruch?

Unsere Zunge

Mit deiner Zunge kannst du schmecken. Aber einen bestimmten Geschmack schmecken wir nur an ganz bestimmten Stellen der Zunge.

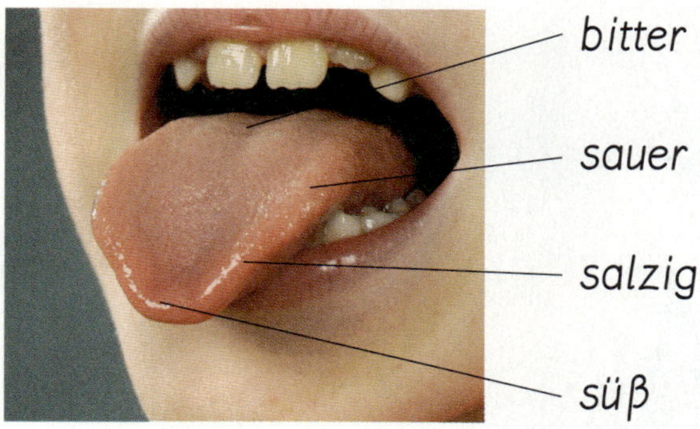

Zungenbrecher

Die Zunge ist wichtig beim Sprechen. Bei einem Zungenbrecher kann sie sich leicht verhaspeln.
Probiere es aus: Es klapperten die Klapperschlangen bis ihre Klappern schlapper klangen.

Den Geschmack testen

Geschmackstest 1

- Wattestäbchen
- Grapefruitsaft, Salz, Zucker, Zitronensaft
- Schälchen
- eine Augenbinde

▶ Probiere es vor dem Spiegel oder mit dem Partner.

Geschmackstest 2

- Obst- und Gemüsestücke
- Schilder mit Namen
- Teller
- evtl. Augenbinde

Lasse den Partner mit und ohne zugehaltener Nase schmecken.

▶ Welche Lieblingsspeisen gibt es in deiner Klasse?

Gesund essen und sich wohl fühlen

Die Kinder der Klasse 2a wollten ihre Parallelklasse zu einem Schulfrühstück einladen. Vorher überlegten sie, welche Nahrungsmittel gesund sind.

Nahrungsmittel

Die Nahrungsmittel können in verschiedene Gruppen eingeteilt werden. Jeden Tag solltest du aus jeder Gruppe Nahrungsmittel essen.

Ausreichend Trinken ist wichtig!

Ein Kind sollte etwa 2 Liter Flüssigkeit am Tag trinken. Das ist ungefähr so viel wie zwei große Flaschen Mineralwasser.

▶ Überprüfe dein Frühstück. Aus welcher Gruppe sind die Nahrungsmittel?

Die Kinder wollten Gemüse mit Kräuter-Dip, belegte Vollkornbrote und Frühstücksspieße anbieten. Sie planen, wer etwas mitbringt.

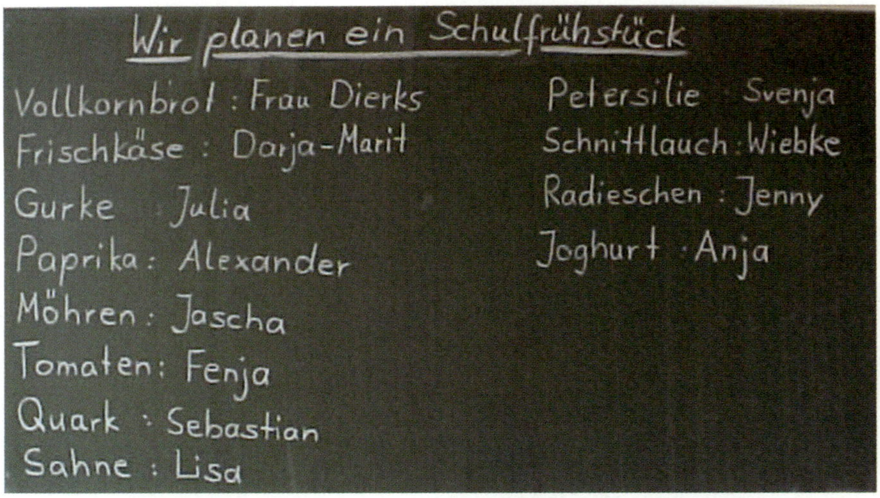

Die Klasse 2a bereitete ein Frühstücksbuffet vor. Einige Kinder bereiteten den Dip zu. Andere schnitten die Gemüsestreifen und stellten die Frühstücksspieße her. Hier wurden die Brote belegt.

Schulfrühstück

- Zubereitung: Brettchen, Messer, Teller, Löffel zum Rühren, Schaschlickspieße
- Zutaten für die Brote: Möhren, Paprika, Salatgurke, Radieschen, Petersilie, Schnittlauch, Vollkornbrot, Frischkäse
- Zutaten für den Dip: Ein Becher Sahne oder Crème Fraîche, ein Becher Joghurt (Natur), Zitronensaft, frische Kräuter
- Getränketipp: Zum Buffet könnt ihr Früchtetee, Fruchtsäfte und Mineralwasser anbieten.

Das waren die schönsten Frühstücksbrote.

▶ Plant selbst ein gesundes Frühstück in der Schule.

Mitten im Verkehr

Auf der Straße ist immer viel los. Alle müssen aufpassen, dass nichts passiert.

Gesprächsthemen

- verkehrsberuhigter Bereich
- Haltestelle
- Überqueren der Fahrbahn zwischen parkenden Autos
- Blickkontakt
- Aussteigen
- Umschalten der Ampel

▶ Sieh dir das Bild genau an:
Welche Kinder verhalten sich richtig?
Welche Kinder können in Gefahr kommen?

Die Menschen sind mit Autos, in Bussen, als Radfahrer und Fußgänger unterwegs.

- Beobachtet an einer Haltestelle oder Kreuzung:
  Wie verhalten sich Erwachsene?
  Wie verhalten sich Kinder?

Fit für den Straßenverkehr

Im Straßenverkehr musst du schnell reagieren.
Das geht besser, wenn du es übst!

▶ Was haben diese Übungen mit dem Straßenverkehr zu tun? Macht sie nach.

Die Kinder haben Material für die Bewegungsspiele gesammelt.

▶ Sammelt Material für eure Spielekiste.

Höre den Weg

Wie viele Kinder: 2

Ihr braucht: 2 Klanghölzer, Schal

So wird es gemacht: Das Kind mit den Hölzern geht rückwärts und führt das „blinde" Kind durch den Raum.

Fang mit links oder rechts

Wie viele Kinder: 4

Ihr braucht: 3 Tücher

So wird es gemacht: Drei Kinder werfen ihre Tücher in die Luft. Das vierte Kind sagt, mit welcher Hand gefangen werden muss.

Stopp

Wie viele Kinder: 4

Ihr braucht: Seil, Stoffsäckchen mit Sand, rote Pappscheibe

So wird es gemacht: Drei Kinder balancieren auf dem Seil mit Säckchen auf dem Kopf, ein Kind hält die rote Scheibe hoch, alle stoppen, aber dürfen die Säckchen nicht verlieren.

▶ Schreibt eure Ideen auf Karteikarten.

Auf dem Schulweg Augen auf

▶ Wählt ein Bild aus. Welche Gefahren erkennt ihr?

Ein Rollenspiel vorspielen

1. Legt das Thema fest.
2. Verteilt die Rollen.
3. Spielt das Spiel vor.
4. Die Zuschauer sagen ihre Meinung zum Spiel.

▶ Spielt eine Szene nach. Sagt laut, was die Verkehrsteilnehmer denken.

Fußgänger-überweg

Die Autos müssen warten, wenn die Fußgänger über die Straße gehen wollen. Aber geh erst los, wenn die Autos stehen.

Radweg

Hier dürfen nur Radfahrer fahren.

Fußweg

Dieser Weg ist nur für Fußgänger. Radfahrer müssen absteigen und schieben.

Denk mal ...

Was denkst du, wo sind Ampeln sinnvoll und wo nicht?

Verkehrs-beruhigter Bereich

Hier dürfen Kinder auf der Fahrbahn spielen. Autos und Fahrräder müssen ganz langsam und vorsichtig fahren.

Gemeinsamer Rad- und Fuß-weg

Radfahrer und Fußgänger teilen sich den Weg. Sie müssen Rücksicht aufeinander nehmen.

Haltestelle

Hier hält ein Bus. Beim Ein- und Aussteigen müssen die Fußgänger immer auf Autos achten.

- Welche Verkehrszeichen gibt es in deiner Umgebung und auf deinem Schulweg? Zeichne sie. Schreibe auf, was du dabei beachten musst.
- Wie kommt ihr zur Schule? Fertigt eine Tabelle an.

Name	Auto	Bus	zu Fuß
Anna	X		
Tom			X
Hans			X

Wir üben für den Staßenverkehr

Radfahren auf dem Gehweg

Auf dem Gehweg ist es sicherer als auf der Fahrbahn. Bis zu deinem 9. Geburtstag **musst** du auf dem Gehweg fahren. Danach **darfst** du noch bis zu deinem 11. Geburtstag auf dem Gehweg fahren.

▶ Ordne zu: Welche Situation aus dem Straßenverkehr üben die Kinder?

Übungsstrecke

- Seile
- Kreide
- Bälle
- Eimer
- Buchstabenschilder
- rote Fahne
- Bretter
- Stock
- Kegel oder Kartons

▶ Wo könnt ihr auf eurem Schulhof üben?
Baut mit den Eltern eine Übungsstrecke auf.

Denk mal ...

Was glaubst du, warum die Menschen immer wieder Türme gebaut haben und heute noch bauen?

Türme – unglaublich hoch

Der Turm von Babylon

Seit vielen tausend Jahren gibt es die Geschichte vom Turmbau in Babylon. Die Menschen wollten dort einen Turm bauen, der bis in den Himmel reicht. Sie bauten und bauten. Dann haben sie sich zerstritten. Der Turm wurde nie fertig und zerfiel.

Türme aus aller Welt

Kirchtürme gibt es fast in jedem Ort. Es sind meist die höchsten Türme, an denen man sich gut orientieren kann.

In der italienischen Stadt Pisa steht seit über 500 Jahren dieser schiefe Turm. Er ist ungefähr 55 m hoch.

In der französischen Hauptstadt Paris steht der Eiffelturm. Er ist ganz aus Eisen gebaut Der Turm ist über 300 m hoch.

Der bisher höchste Fernsehturm der Welt steht in der kanadischen Stadt Toronto. Er ist 553 m hoch.

- Wo ist ein hoher Turm in eurer Nähe?
- Bringt Bilder von Türmen mit, hängt sie aus und beschriftet sie.

Türme selber bauen

- Baut alleine oder zu zweit einen Turm.
  Welches Material könnt ihr verwenden?
- Übrigens: Alle Baumeister machen sich vor dem Bauen einen Plan. Zeichne auch einen Plan von deinem Turm, bevor du baust.
- Male einen Turm und schreibe etwas über seine Besonderheiten.

Magnete – unglaublich anziehend

Der ungewöhnliche Magnetberg

Von Kapitän Seebär wird eine unglaubliche Geschichte erzählt: Sein Schiff wurde von dem Magnetberg angezogen. Schon war das Unglück nahe. Da warf Kapitän Seebär alle Eisenteile über Bord: den Anker, die Ketten, die Töpfe und Pfannen und auch den letzten Kaffeelöffel. So konnte der Magnetberg das Schiff nicht mehr anziehen.
Es segelte ganz knapp am Felsen vorbei.

Versuche mit Magneten

Finde heraus, welche Eigenschaften ein Magnet hat.

Wie verhalten sich zwei Magnete zueinander?

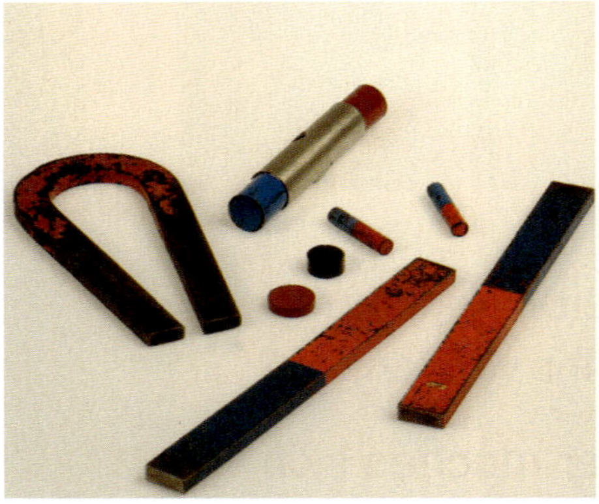

Was zieht ein Magnet an? Was vermutet ihr?

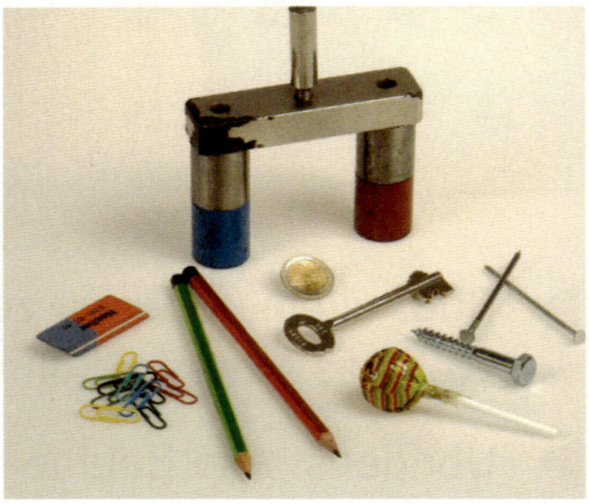

Verschiedene Magnete

Es gibt Magnete in verschiedenen Formen. Sie heißen:
- Stabmagnet
- Hufeisenmagnet
- Scheibenmagnet

▶ Schreibt bei den Versuchen eure Vermutungen und Beobachtungen in einer Tabelle auf.

▶ Wo gibt es bei euch zu Hause Magnete?

Noch mehr Versuche mit Magneten

Wieviel Kraft hat ein Magnet?

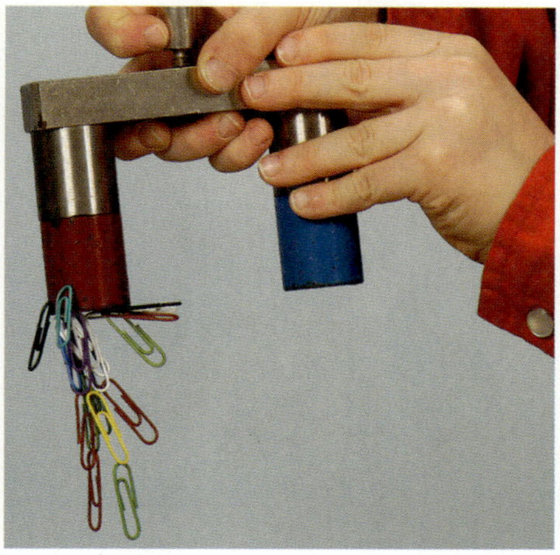

Wirkt der Magnet durch andere Stoffe hindurch?

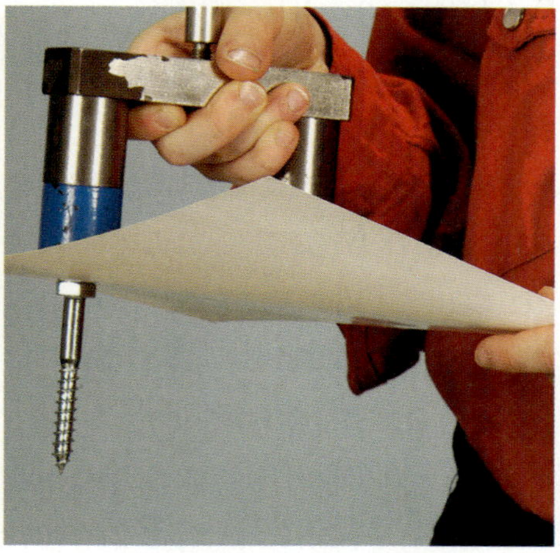

▶ Welche Versuche fallen euch noch ein?

Ein Magnetspiel

Magnetspiel
- dünne Pappe mit aufgemaltem Weg (mit einem Start und einem Ziel)
- Büroklammer
- Magnet

▶ Wie könntest du mit einem Magnet ein Angelspiel herstellen?

▶ Was habt ihr alles über Magnete herausgefunden?

Bohnen – unglaublich stark

Bohnen

Bohnen stammen aus Asien und Südamerika. Seit etwa 500 Jahren werden sie auch bei uns als Nahrungsmittel angebaut. Die Feuerbohne wächst besonders schnell und kann sich bis zu vier Metern an Stangen hoch winden.

Eine Bohne bis zum Mond

Der Lügenbaron Münchhausen erzählte vor einigen hundert Jahren einmal eine unglaubliche Geschichte. Er behauptete, auf dem Mond gewesen zu sein. Das war für ihn ganz einfach: Er pflanzte eine Feuerbohne ein. Diese wuchs ganz schnell bis zum Mond. Am Bohnenstängel kletterte er bis zum Mond hinauf.

Wer hat die schnellste Bohne?

Bohnen ziehen

- Blumenerde in einen Blumentopf füllen.
- Einen Bohnenkern etwa zwei Zentimeter tief in die Erde stecken.
- Alle Töpfe regelmäßig gießen.
- Jeder beobachtet, misst und schreibt auf, wie sich seine Bohne entwickelt hat.

Bohnen und Wasser

Wiege auf einer Briefwaage 25 Bohnenkerne. Lege die Bohnenkerne in ein Glas und gieße Wasser darauf. Wiege die Bohnenkerne am nächsten Tag noch einmal.

Kraft der Bohne

Schon die alten Griechen kannten den Trick: Sie sprengten große Steinblöcke, indem sie in die Bruchkante Löcher bohrten und Bohnen und Wasser einfüllten.

Bohnen in Gips

Rühre einen Gipsbrei an. Fülle ihn in kleine Kuchenformen aus Papier. Drücke schnell eine Bohne in den feuchten Brei. Nun warte zwei bis drei Stunden ab.

Bohnen und Licht

Stelle eine Bohnenpflanze in einen Karton. Schneide an einer Seite ein Loch in den Karton. Stelle die Seite mit dem Loch zum Fenster. Öffne den Deckel nur zum Gießen.

▶ Was hast du festgestellt? Wie erklärst du dir das?

Wie die Zeit vergeht

Ich habe schon viel erlebt

Lisa ist im 2. Schuljahr. Sie kramt in der Fotokiste ihrer Mutter. Lisa ordnet die Bilder. Mit dem neuesten Bild fängt sie an.

Denk mal …
Was verändert sich im Laufe der Zeit an uns?
Was bleibt gleich?

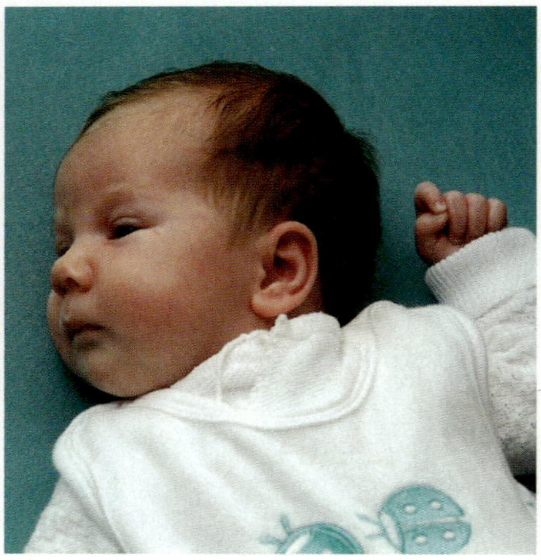

▶ Macht eine Ausstellung mit euren Fotos und Dingen von früher. Was könnt ihr dazu erzählen?

Fotos von früher

Wie eure Eltern, Großeltern und Urgroßeltern früher aussahen oder gespielt haben, könnt ihr auf alten Fots entdecken.

1915

1952

1949

1960

▶ Fragt Eltern oder Großeltern nach Kinderbildern. Lasst euch auch von ihrer Kindheit erzählen.

Die Zeit vergeht

Denk mal …

Wir alle wissen, was Zeit ist.
Bis wir es einem anderen erklären müssen.

Aurelius Augustinus

- Sprecht über die Bilder.
  Vergeht die Zeit langsam oder schnell?
- Wie empfindest du die Zeit? Denk auch an deinen Geburtstag und die Ferien …

Wie lange dauert eine Minute?

Sprichwörter

Die Zeit heilt alle Wunden.

Kommt Zeit, kommt Rat.

Wer nicht kommt zur rechten Zeit, der muss essen, was übrig bleibt.

▶ Führe eine Tätigkeit aus und beende sie, wenn du glaubst, dass eine Minute vergangen ist. Dein Partner stoppt mit der Uhr.

Wie oft in einer Minute?

▶ Schätzt vorher. Dein Partner stoppt die Zeit.

Die Kinder der Klasse 2a haben sich Listen gemacht:

Tom

Tätigkeit	gemessen	geschätzt
Hampelmann		
Schleifebinden		

▶ Was wollt ihr schätzen und messen? Finde noch weitere Beispiele.

Uhren messen die Zeit

Es gibt viele verschiedene Uhren.

Vom Messen der Zeit

Die Menschen wollten immer schon die Zeit bestimmen. Sie beobachteten den Lauf der Sonne. So entstand die Sonnenuhr. Der Schatten eines Stabes zeigte die Zeit an. Räderuhren mit vielen Zahnrädern zeigen die Zeit genauer. Heute gibt es außerdem Quarzuhren.

▶ Worin unterscheiden sich die Uhren? Für welche Zwecke werden sie gebraucht? Kennt ihr noch weitere Uhren?

1 = Stundenanzeige
2 = Minutenanzeige
3 = Sekundenanzeige

▶ Welche Aufgaben haben die Teile einer Uhr?

▶ Bringt Uhren mit und macht eine Ausstellung oder gestaltet ein Plakat.

So kannst du Uhren selbst bauen:

Sanduhr

- 2 gleiche Flaschen
- Kleber, Nagel, Hammer
- feiner, trockener Sand (Vogelsand)
- Trichter
- Uhr mit Sekundenzeiger
- Folienstift
- 2 Leisten
- Gummis

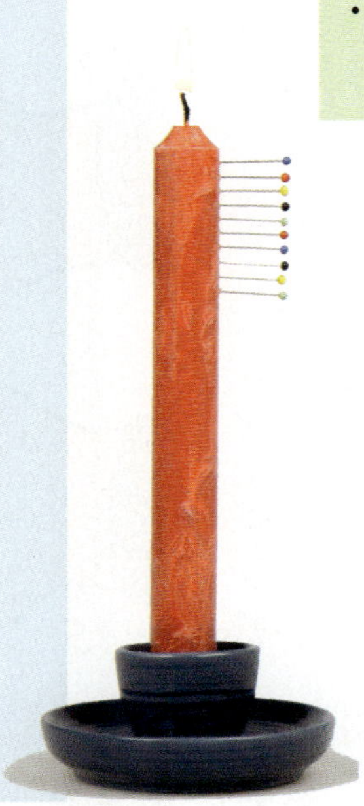

Kerzenuhr

- 2 gleiche Kerzen mit Untersetzern
- Uhr
- Stecknadeln (oder Folienstift)

Kalender helfen beim Planen

Es gibt verschiedene Kalender für unterschiedliche Zwecke.
Wodurch unterscheiden sie sich?

Denk mal ...

Wo wohnst du?
Wo wohnt ein Hund?
Wo wohnt ein Baum?
Wo wohnt der Wind?
Wo wohnt die Zeit?

▶ Welche Kalender kennst du?

Die Fäuste sind auch ein Kalender.
Sie helfen uns herauszufinden, wie lang ein Monat ist.
(Hügel = Monat mit 31 Tagen, Tal = Monat mit 30 Tagen)

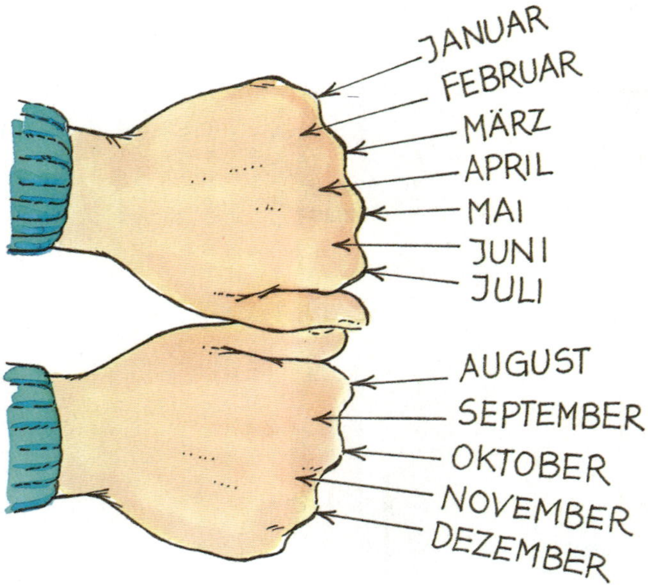

▶ Wie viele Tage hat der Februar in diesem Jahr?

Die Klasse 2a hat einen Klassenkalender hergestellt. Auf den Monatsblättern tragen die Kinder Geburtstage, Ferien, Feiertage, Schulfeste und besondere Ereignisse ein.

▶ Stellt euren eigenen Klassenkalender her.

Spielt „Kalender-Spiele“:

- Welcher Monat liegt zwischen Mai und Juli?
- Welcher Monat ist der kürzeste?
- Wie viele Monate dauert ein halbes Jahr?
- Die Sommerferien beginnen am ...
- Welches Datum hat der erste Tag im Jahr?
- Ostern ist in diesem Jahr am ...

Kalenderspiele

- Kärtchen mit Fragen
- Kärtchen mit Antworten
- oder Kärtchen mit Fragen und Antworten

Sie eignen sich für

- Partnerspiele
- Quiz
- Würfelspiel

▶ Überlegt euch weitere Fragen.
Ihr könnt auch eure Kalender benutzen.

Bei uns zu Hause

Jeder wohnt anders

Wo Menschen wohnen

Einfamilienhaus
Hochhaus
Bungalow
Zelt
Hütte
Mehrfamilienhaus
Altersheim

- In was für einem Haus wohnst du?
- Welche verschiedenen Häuser gibt es in eurem Schulbezirk?

Häusersteckbriefe

Benedikt: Hier wohne ich

Ich wohne in der Freiligrathstraße 98.
Unser Haus hat 4 Etagen und
eine Dachwohnung.
In unserem Haus wohnen insgesamt 13 Menschen.

Denk mal ...

Du hast eine Wohnung und ein Zuhause. Fühlst du dich auch woanders zu Hause?

- Schreibe einen Steckbrief über das Haus, in dem du wohnst.
- In welchem Haus würdest du gern wohnen? Beschreibe dein Wunschhaus.

Jeder hat Wünsche

Denk mal …
Warum nennt man *Taschengeld* Taschengeld?

- Welche Wünsche hast du?
  Welche können erfüllt werden, welche nicht?
- Bekommst du schon Taschengeld?
  Was machst du damit?

In Lisas Klasse haben alle Kinder Wünsche.
Sie planen einen Klassenflohmarkt.

- Was müsst ihr alles beachten, wenn ihr einen Flohmarkt plant?

Alle helfen mit

Wenn in einer Familie ein Baby geboren wird, kommen neue Aufgaben dazu.
Neben den Aufgaben im Haushalt muss das Baby versorgt werden. Alle in der Familie können mithelfen. Dann bleibt mehr Zeit für gemeinsame Dinge.

- Stellt zusammen: Welche Aufgaben gibt es bei euch zu Hause? Wer macht was?

- Spielt: Ein Kind macht etwas vor, was in der Familie getan wird. Die anderen raten, um was es geht.

Ordnung am Arbeitsplatz

Ben sucht seine Schere. Er war sich sicher, dass er sie auf den Schreibtisch gelegt hat. Aber er kann sie nicht finden.

Zum Aufräumen brauchst du Helfer und die müssen nichts kosten:

Helfer zum Aufräumen

- Für die Schatzkiste einen Schuhkarton
- Für die Ablage einen großen Schuhkarton
- Für das Utensilo Papprollen
- Für die Mülltonne einen großen Popkornbecher

▶ Was räumst du allein in deinem Zimmer auf? Wobei brauchst du Hilfe?

Mädchen oder Junge?

Beliebte Vornamen

2001 waren die drei beliebtesten Jungennamen Leon, Alexander und Maximilian.
Die drei beliebtesten Mädchennamen waren Marie, Sophie und Maria.

Als eure Eltern geboren wurden, war der beliebteste Mädchenname Nicole und der beliebteste Jungenname Sven.

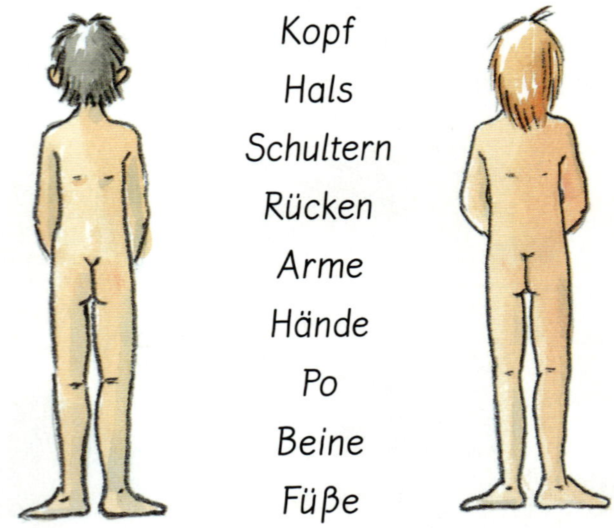

▶ Kannst du genau erkennen, ob ein Kind ein Junge oder ein Mädchen ist?

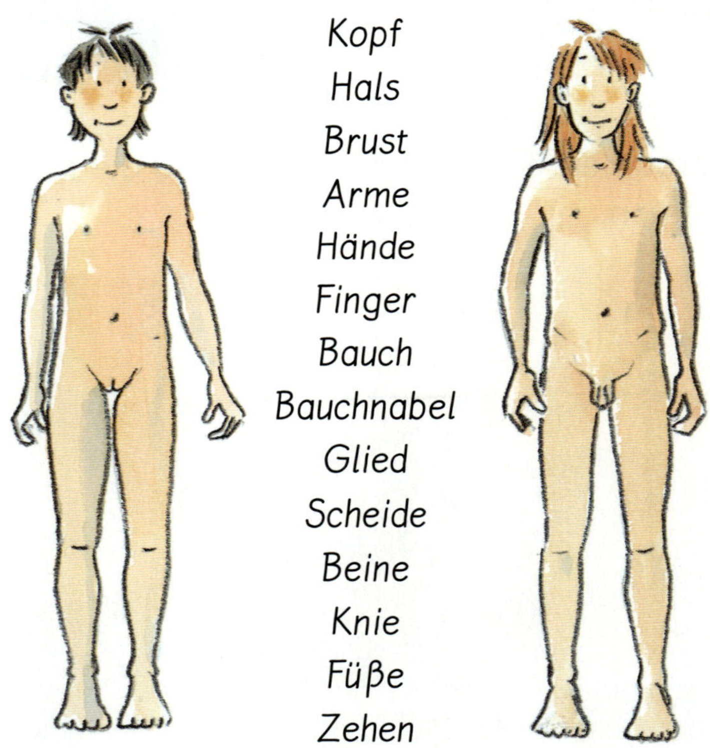

▶ An welchen Körperteilen kannst du Mädchen und Jungen unterscheiden?

▶ Welche Körperteile haben alle?

Typisch Mädchen? Typisch Junge?

Auf wen könnte das zutreffen?

- Was spielen die Mädchen? Was spielen die Jungen?
- Macht eine Liste von den Spielen, die in eurer Klasse gern gespielt werden. Eine Liste machen die Mädchen und eine die Jungen. Vergleicht.

Hier kenne ich mich aus

Denk mal ...

Jeder Ort hat seine Eigenart. Wenn sie fehlt oder wenn etwas Neues dazukommt, sagt jeder Einwohner: „Das ist nicht mehr mein Ort.“ Wann wäre dein Wohnort nicht mehr dein Ort?

Unsere Schulumgebung

Die Klasse 2a hat einen Rundgang um ihre Schule gemacht. Die Kinder haben Pläne gezeichnet.

- Vergleicht die beiden Zeichnungen miteinander!
- Geht mit eurer Klasse um eure Schule!
  Untersucht in Gruppen:
  - Wo kann man einkaufen?
  - Wo sind Spielplätze oder Möglichkeiten zum Sporttreiben?
  - Wo sind Gefahrenstellen im Straßenverkehr?
- Zeichnet Pläne eurer Schulumgebung!

Die Kinder haben sich Zeichen für bestimmte Gebäude und Plätze überlegt:

Legende

Für die Dinge aus der Wirklichkeit gibt es Zeichen auf der Karte. Die Erklärung dieser Zeichen nennt man Legende.

- Überlegt euch Zeichen für euren Plan!
- Vergleicht Legenden von verschiedenen Karten!

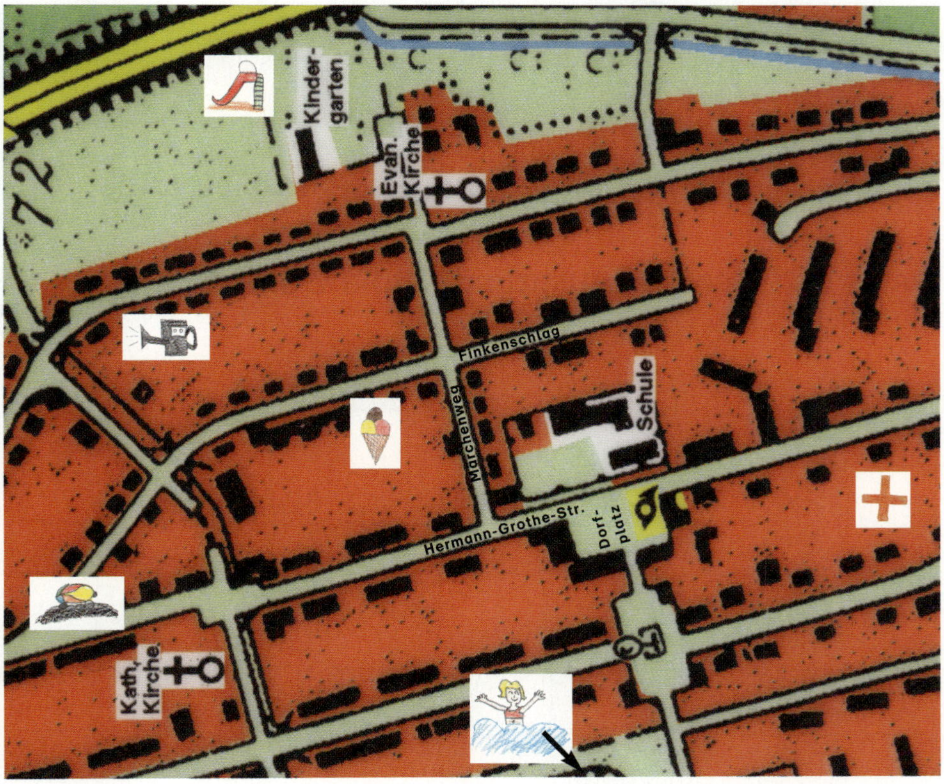

- Tragt die Zeichen für eure wichtigen Gebäude und Plätze in einen Plan von der Umgebung eurer Schule ein.

Freizeit in unserem Ort

Denk mal ...

Warum heißt die *Freizeit* Freizeit? Wovon ist die Zeit frei? Wofür ist die Zeit frei?

Spielplätze sehen ganz verschieden aus:

▶ Welche Regeln gelten auf diesem Spielplatz?

Denis und Lisa haben ihren Spielplatz untersucht.

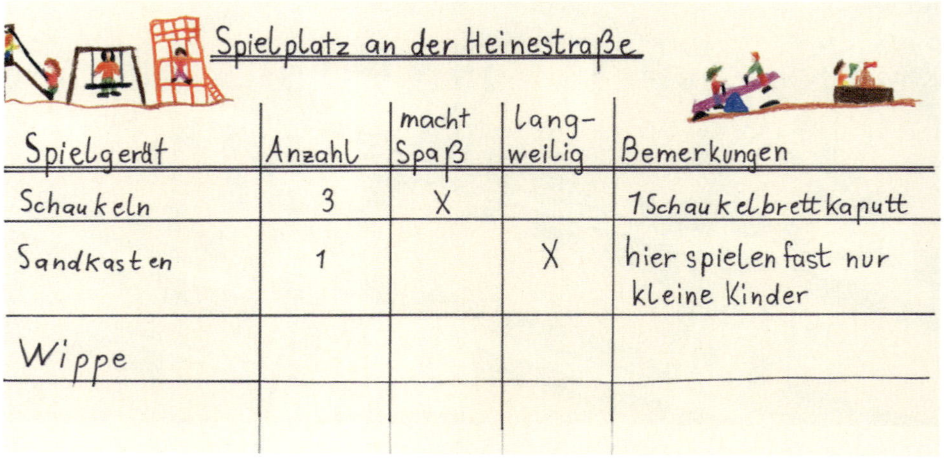

Spielplatz an der Heinestraße

Spielgerät	Anzahl	macht Spaß	langweilig	Bemerkungen
Schaukeln	3	X		1 Schaukelbrett kaputt
Sandkasten	1		X	hier spielen fast nur kleine Kinder
Wippe				

▶ Untersucht Spielplätze in eurer Umgebung. Fertigt auch eine Liste an.

Bei uns gibt es viele Freizeitmöglichkeiten.
Einige Kinder stellen sie vor:

▶ Was tun diese Kinder in ihrer Freizeit?

▶ Was macht ihr in eurer Freizeit?

Stellt gemeinsam eine Wandzeitung her.
So könnte sie aussehen:

Das machen wir in unserer Freizeit:

WAS?	WER?	WANN?	WO?
Fußball	Tom, Marc, Naomi	Dienstags 15–17.30 Uhr	Westpfalz-Stadion
Bücherei besuchen	Maren Dominik	MO-FR 15–16 Uhr	Stadtbücherei Hauptstraße

▶ Stellt eure Freizeitbeschäftigungen vor!

Berufe in unserem Ort

Bei uns gibt es verschiedene Arbeitsplätze.

▶ Was arbeiten die Menschen? Wie heißt ihr Beruf?

▶ Welche Berufe kennt ihr noch?

Die Kinder der Klasse 2a wollten eine Verkäuferin im Blumengeschäft nach ihrem Beruf fragen. Die Kinder übten das Interview in der Klasse.

Fragebogen

1. Wie heißt der Beruf?
2. Wie lange muss man dafür lernen?
3. Was macht man in dem Beruf?
4. Gibt es eine Berufskleidung?
5. Was gefällt Ihnen in Ihrem Beruf besonders?
6. Gibt es Probleme?

▶ Welchen Beruf wollt ihr erkunden?

Ein eigener Verkaufsstand

Beim Schulfest wollte die Klasse 2a „Grasköpfe“ anbieten.
Die Kinder haben sich die Arbeit in Gruppen aufgeteilt.

1. Gruppe

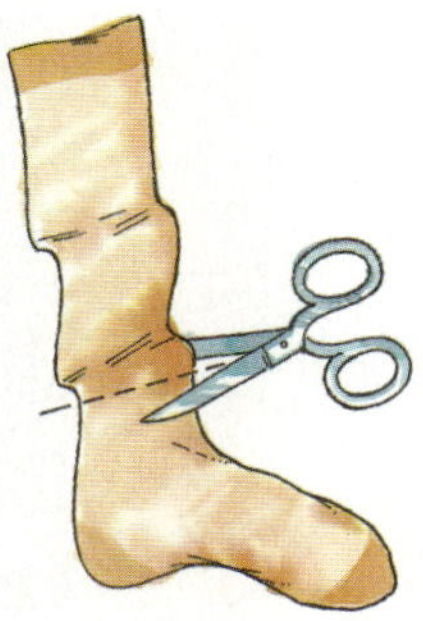

Von einem Strumpf wird ein etwa 30 cm langes Teil abgeschnitten.

2. Gruppe

In die Strumpfspitze werden 2 EL Grassamen gefüllt.

3. Gruppe

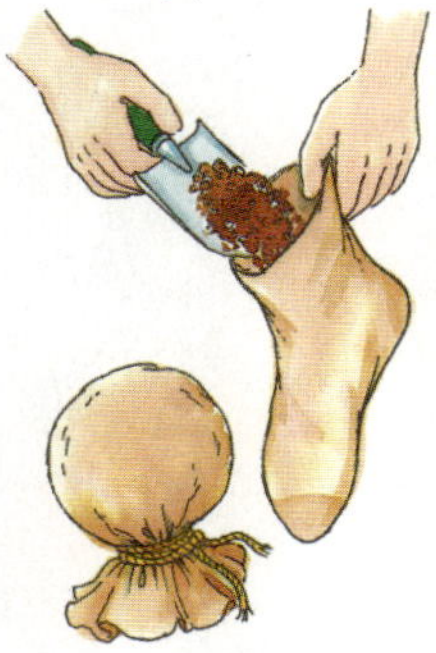

Über den Samen wird Erde eingefüllt. Der Strumpf wird zugebunden.

4. Gruppe

Mit Plakatfarben wird ein Gesicht aufgemalt. Der Kopf wird in einen Becher mit Wasser gestellt.

Grasköpfe

- alte Perlonstrümpfe
- Grassamen
- Blumenerde
- Schnur
- Plakatfarben
- Pinsel
- (Joghurt-)Becher
- Wasser

Es dauert einige Tage, bis die ersten Haare sprießen.

Auf dem Schulfest boten die Kinder ihre Grasköpfe an.

Verkaufen

- Was bieten wir an?
- Wie gestalten wir unseren Stand?
- Wie preisen wir unsere Ware an?
- Wie sprechen wir die Leute an? ...

▶ Welche Berufe wollt ihr vorstellen?

Es ist was in der Luft

Luft zum Leben

Sauerstoff

Ein Teil der Luft ist Sauerstoff. Menschen und Tiere brauchen Sauerstoff zum Leben. Pflanzen stellen Sauerstoff her.

- Warum ist Luft für uns wichtig?
- Wodurch wird Luft verschmutzt?

Wie viele Atemzüge machst du in einer Minute?

Zähle, wie oft du in einer Minute einatmest. Lege dabei eine Hand auf die Brust und eine auf deinen Bauch. Dein Partner stoppt die Zeit.

Mache nun zwanzig Kniebeugen. Führe danach den Versuch noch einmal durch. Dein Partner stoppt wieder die Zeit.

Atem

Ein Erwachsener macht in der Minute 12–15 Atemzüge.

Ein großer Wal, der an der Oberfläche schwimmt, atmet alle ein bis zwei Minuten Luft ein. Wenn er tief taucht, atmet er erst nach 40–50 Minuten wieder.

▶ Was stellt ihr fest? Wie erklärt ihr euch das?

Wie viel Luft ist in deiner Lunge?

Lungentest

- Flasche
- Schüssel
- Schlauch

▶ Kannst du die Unterschiede erklären?

Das alles kann Luft

Luft kannst du nicht sehen.
Wenn ihr diese Versuche macht, könnt ihr viel über Luft herausfinden.

Luftballon

- Luftballons
- evtl. eine Luftpumpe

Flaschenmusik

- mehrere Glasflaschen
- Wasser

Wettlauf

- ein großes Zeitungsblatt oder eine große Pappe
- lange freie Strecke

▶ Überlegt zu jedem Versuch, was ihr über Luft erfahren habt.

▶ Ordnet den Versuchen zu:
Luft kann sich ausdehnen. Luft transportiert Klänge. Luft braucht Platz. Warme Luft steigt nach oben. Luft bremst. Luft treibt an.

Windrad

- Pappscheibe
- Schere
- Buntstifte

Luftballon

- Luftballon
- Flasche
- eine Schüssel mit heißem und eine mit kaltem Wasser

Luftschlange

- festes Papier
- Schere
- Buntstifte
- Schaschlikstab
- Ständer, z.B. Flasche mit Knete

Stelle die Luftschlange über einen Heizkörper.

▶ Tauscht eure Erfahrungen aus. Was habt ihr über Luft gelernt?

Wärme und Kälte

In der Sauna ist es heiß. Badewasser für das Baby ist warm. Der Herbstwind ist oft kühl. Bei Schnee und Eis ist es kalt. Jeder Mensch fühlt Wärme und Kälte etwas anders.

▶ Hast du schon etwas Ähnliches erlebt? Wann ist es für dich warm, wann ist es kalt?

1.

2.

▶ Probiert die Versuche aus. Was habt ihr gefühlt?

Wenn du die Temperatur genauer bestimmen willst, brauchst du ein Messgerät.

▶ Bau dir ein eigenes Thermometer.

1.
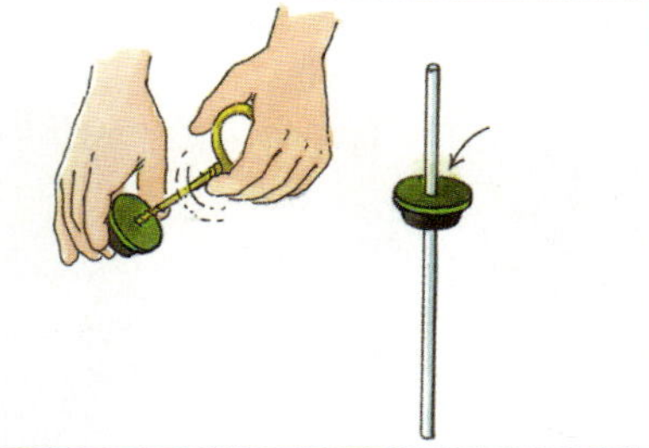

2.

3.
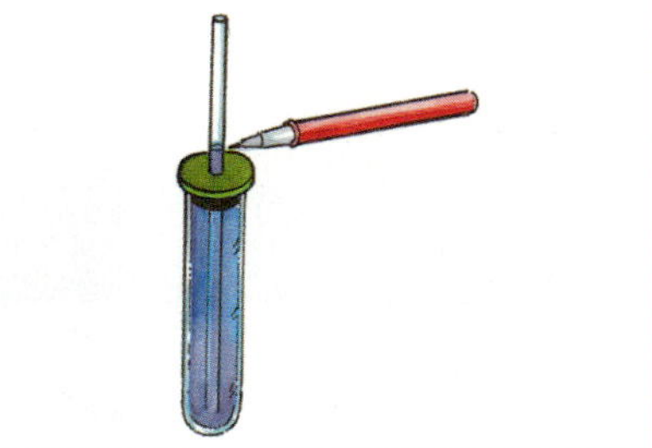

4.
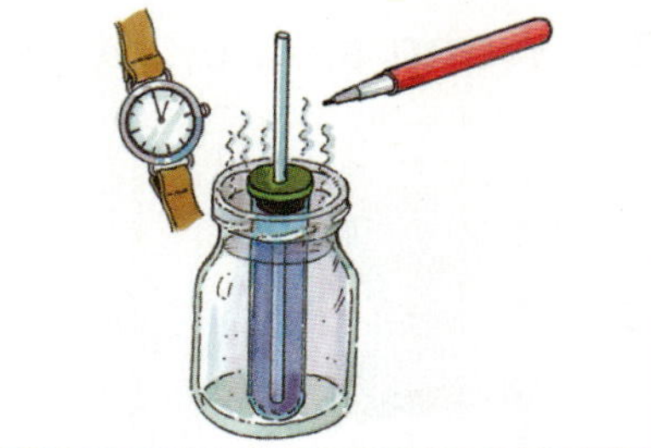

5.
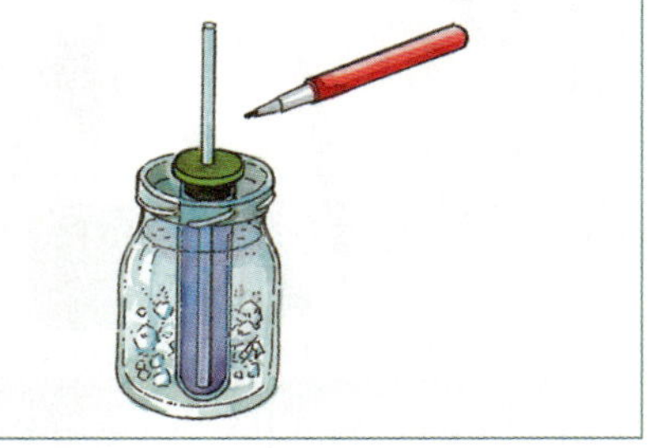

6.
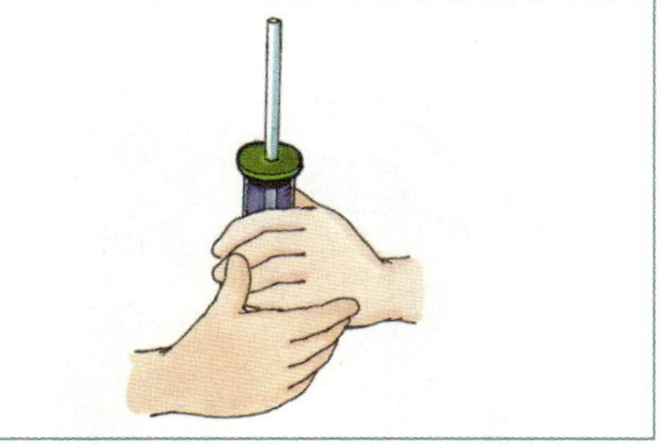

Thermometer

- gefärbtes Wasser
- durchsichtigen Trinkhalm
- Glas mit Eiswasser
- Glas mit heißem Wasser
- Röhrchen mit Deckel
- kleinen Handbohrer
- Plastikschüssel
- Folienstift

Um Temperaturen ganz genau zu bestimmen, benutzt man Thermometer.

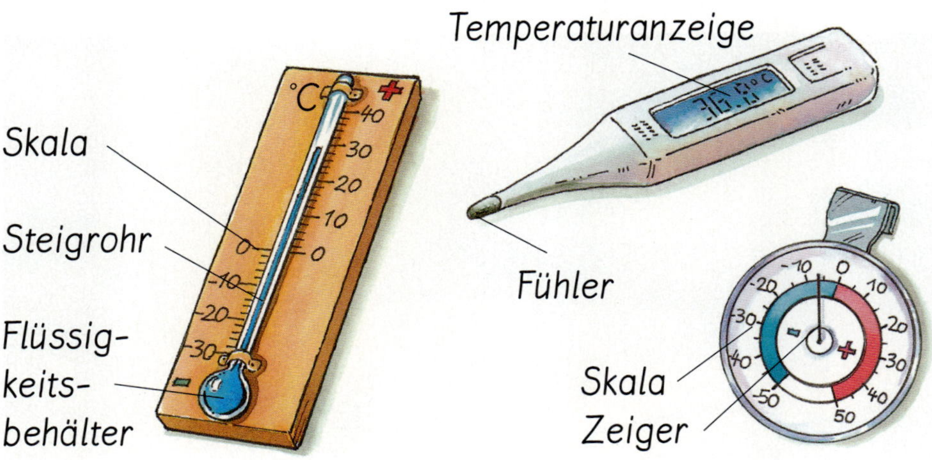

▶ Bringt verschiedene Thermometer mit und führt Messungen durch.

Temperaturskala

Die Skala auf dem Thermometer legte der schwedische Forscher Celsius fest. Er hat die Skala in 100 Abschnitte eingeteilt. Bei 0° C war der Gefrierpunkt und bei 100° C der Siedepunkt von Wasser.

Licht und Schatten

Wo Licht ist, ist auch Schatten.

▶ Wann sind Licht und Schatten für dich wichtig?

Versuche mit Licht und Schatten

- Overheadprojektor
- verschiedene Gegenstände

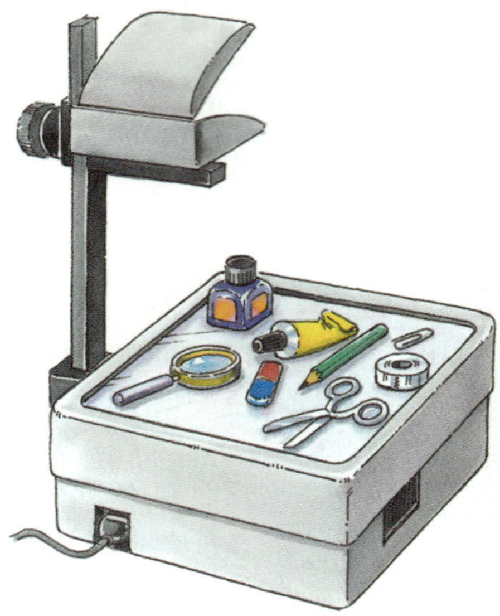

▶ Was ist hier verändert worden?

Versuch mit Licht

- Taschenlampe
- Bleistift

▶ Wie musst du deinen Arbeitsplatz einrichten, damit deine Schrift nicht im Schatten liegt? Probiere es aus.

Die Klasse 2a führt ein Schattenspiel auf.
Das Stück heißt: Der Wind vor dem Richter.

Figuren für das Schattentheater

- Schaschlikstäbe
- Kleber, Klebeband
- Schere
- Stifte
- Karton

Den Text „Der Wind vor dem Richter“ findet ihr im Lesebuch.

Wen laden wir ein?

Wer malt die Hintergrundbilder auf Folie?

Welches Stück wählen wir aus?

Wer liest den Zwischentext?

Wer teilt die Szenen ein?

▶ Plant die Aufführung eures Schattenspieles.
Verteilt die Aufgaben.

Die Wiese

Hast du schon einmal in einer Wiese gelegen, geschaut und gelauscht?
Was hast du gesehen, gerochen, gefühlt und gehört?

Wiesenpflanzen

Spitzwegerich

Rotklee

Hirtentäschel

Zaunwicke

Knäuelgras

▶ Welche Pflanzen und Tiere kennst du?

Dort brummt und summt es, es krabbelt und fliegt.
In der Wiese finden viele Tiere ihre Nahrung.
Dabei helfen sie den Pflanzen zu wachsen und sich zu vermehren.

Wiesentiere

Regenwurm

Marienkäfer

Hummel

Tausendfüßler

Schnirkelschnecke

▶ Nutze Bestimmungsbücher.

Wir erkunden die Wiese

Die Kinder der Klasse 2a gingen zu einer Wiese.
Dort entdeckten sie unterschiedliche Pflanzen und Tiere.
Sie schauten Wiesenbücher an und versuchten ihre Tiere und Pflanzen wieder zu finden.

Wiesen-erkundung

- Fotoapparat
- Lupe
- Schnur
- Stöckchen
- Bestimmungsbücher
- dickes Telefonbuch zum Pflanzenpressen
- Schuhkarton
- Papier
- Buntstifte

▶ Erkundet eure Wiese.
Überlegt, wer was mitbringt.

In der Klasse werden die mitgebrachten Pflanzen geordnet und gepresst. Wichtiges wird in einem Wiesenbuch gesammelt.

Wiesen-erkundung

- Gläser
- frische Pflanzen
- Karten mit Blumennamen
- Kontrollblatt
- Pflanzen- und Tierbücher
- Schreibpapier
- Karten DIN A6/ Postkarten
- gepresste Pflanzen
- Farbkasten und Pinsel
- Malpapier

▶ Macht eine Ausstellung. Fertigt ein eigenes Wiesenbuch an.

Löwenzahn untersuchen

Ende April sehen manche Wiesen ganz gelb aus. Dort wachsen viele Löwenzahnpflanzen. Wochen später sind sie wieder grün. Der Löwenzahn verwandelt sich.

Denk mal …
Kann der Löwenzahn glücklich sein?

- Warum kannst du den Löwenzahn fast überall finden? Warum heißt er „Löwenzahn"?
- Vergleicht Löwenzahnpflanzen von verschiedenen Standorten. Untersucht die Pflanzen.

Du Pusteblume, du Kuhblume, du Bettsächer …

Blütenblätter zählen

Wurzeln messen

Stängel ins Wasser legen

Samen feucht halten

Versuche mit Löwenzahn

- Stifte
- Wachsmalkreide
- Malpapier
- dünnes Papier
- Lupe
- Watte
- Samen vom Löwen-zahn
- Glas mit Wasser
- Lineal
- Pinzette

Schnittstelle betrachten

Kranz flechten

Blätter abrubbeln

Salat zubereiten

Löwenzahnsalat

- Schüssel
- Brettchen
- Messer
- Unterteller und kleine Gabeln zum Probieren

Rezept:

- junge Löwenzahn-blättchen
- Öl
- Essig
- Zwiebel
- etwas Pfeffer
- wenig Salz

Tiere der Wiese

Die Wiese ist Lebensraum für viele Tiere.
Sie bietet Schutz und Nahrung.

Spinnen

Es gibt ungefähr 30 000 verschiedene Spinnen.
Spinnen sind nützlich, denn sie fressen kleine Insekten, z. B. Stechmücken. Alle Spinnen haben acht Beine.
Bei uns leben nur ungefährliche Arten.

▶ Gestalte ein Spinnennetz aus Wolle und dünnen Stöckchen.

Manche Tiere sieht man nicht auf den ersten Blick.

Wiesentiere

- Engerling
- Ohrwurm
- Assel

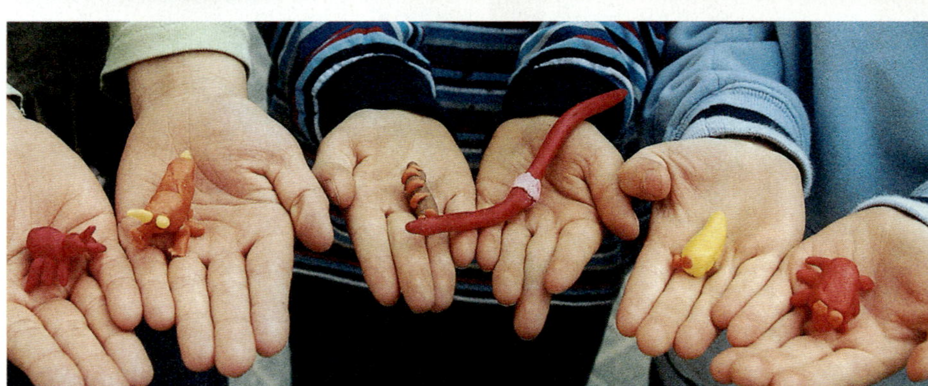

Tiere der Wiese

- Knetmasse
- Bestimmungsbücher

▶ Gestaltet auch Wiesentiere.

Regenwürmer beobachten:
Regenwürmer sind Erdtiere. Bei uns leben verschiedene Arten. Regenwürmer sind nützliche Tiere. Wenn die Erde nach einem Regen ganz nass ist, kommen sie zum Atmen nach oben. Sie lockern den Boden. Die Regenwürmer atmen durch ihre Haut.

Lege einen Regenwurm auf ein Papier. Betrachte ihn mit der Lupe. Beobachte seine Bewegungen. Zeichne ihn.

Fülle eine flache Schale mit Erde. Sprühe auf eine Hälfte Wasser.
Wohin kriecht der Wurm?

Fülle einen Schuhkartondeckel mit Erde. Lege auf die eine Hälfte eine Pappe.
Wohin kriecht der Wurm?

Fülle abwechselnd Sand und Erde ein. Lege obenauf Gras und Blätter. Setze Regenwürmer ein. Verdunkle das Glas. Halte die Erde immer feucht.

Versuche:

Zu 1:
- Regenwurm
- feuchtes Papierhandtuch
- Lupe
- Stifte, Malpapier

Zu 2:
- Regenwurm
- flache Schale
- Erde
- Sprühflasche

Zu 3:
- Regenwurm
- Schuhkartondeckel
- Erde
- ein Stück Pappe

Zu 4:
- 5 Regenwürmer
- großes Gurkenglas
- Blätter, Gras, Sand, Erde, Sprühflasche, schwarzes Tonpapier
- Regenwürmer wieder freilassen

▶ Führt die Versuche durch und schreibt eure Beobachtungen auf.
Geht mit allen Tieren vorsichtig um, sie sind kein Spielzeug!

Der Feldhamster in der Natur

Der Feldhamster ist in Deutschland ein seltenes Tier geworden und steht unter Naturschutz. Er kann schnell laufen und gut klettern. Seine Feinde versucht er mit seiner schwarzen Bauchseite zu erschrecken. Sie sieht wie das Gesicht eines Raubtieres aus.
Von September bis März hält er Winterruhe. Dafür hat er etwa 60 Kilo Getreide gesammelt. Feldhamster können 10 Jahre alt werden.

Feldhamster

Hamstermännchen sind Einzelgänger. Das Weibchen zieht die Jungen allein auf. Hamster werden ca. 35 cm groß und haben einen kurzen Schwanz.

Hamsterbau

1 Fallröhre
2 Vorratskammer
3 Kotplatz
4 Schlafkessel

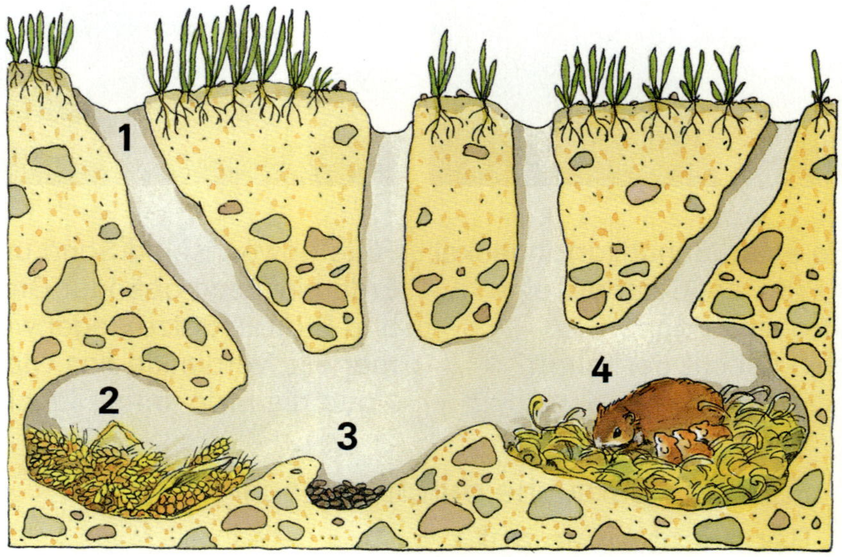

▶ Wie lebt der Hamster in der freien Natur?

Der Goldhamster bei uns zu Hause

Der kleine Goldhamster lebt im warmen Syrien in der freien Natur. Bei uns wird er gezüchtet und in Tierhandlungen verkauft. Um sich wohl zu fühlen, braucht er ähnliche Bedingungen wie in der Natur.

▶ Wie sollten die Kinder den Käfig einrichten? Begründet!

▶ Welches Haustier wünschst du dir? Erkundige dich, wie es in der freien Natur lebt. Was braucht es bei dir?

Denk mal …

Wenn du Tiere beobachtet hast, kannst du bestimmt unterscheiden, was Tiere können, was Menschen können und was beide können.
Was meinst du, können Tiere denken?

Medien umgeben uns

Medien

Medien helfen uns Nachrichten weiterzugeben. So können wir Ereignisse aus der ganzen Welt erfahren. Mit Medien können wir auch miteinander Kontakt aufnehmen.

Telefon, Fax, Computer, Fernseher, Buch, Zeitung …
Medien sind immer in eurer Nähe.

▶ Welche Medien gibt es an eurer Schule?
Wo befinden sie sich?

Mit Medien können wir uns mit anderen Menschen verständigen. Auch in der Schule brauchen wir Medien. Sie helfen uns beim Lernen.

▶ Welche Medien nutzt ihr?
Wofür braucht ihr eure Medien?

Informationen im Internet suchen

Mit Hilfe des Internets kannst du dir Informationen zu einem Thema besorgen. Aber du kannst auch Grüße oder Nachrichten über das Internet verschicken.
Wenn du eine Internet-Adresse eingibst, erscheint die Seite dazu. Hier wurde die Adresse für ein Tierlexikon (www.tiere-online.de) eingegeben.
So sieht die Startseite (Homepage) dazu aus:

Internet

Das Wort bedeutet internationales Netzwerk. Das Internet ist die Verbindung von Millionen Computern überall auf der Welt. Sie sind über das Telefonnetz miteinander verbunden.

Die meisten Wörter im Internet sind aus dem Englischen übernommen.

Homepage

Link

Suchmaschine

Internet-Adresse

Virus

E-mail

▶ Welche Wörter kennst du schon?
Erkläre sie.

Wenn du dir ein Haustier anschaffen willst, musst du dich vorher informieren. Die Kinder der Klasse 2a suchten im Internet nach Informationen zum Wellensittich.

Adresse www. ..... de

Deutsche Bezeichnung	Wellensittich
Lateinische Bezeichnung	Melopsittacus undulatus
Lebensraum	Australien – Gras- und Buschland
Ernährung	Samen von Gräsern
Gewicht	ca. 30 g
Fortpflanzung	18 Tage Brutzeit, Gelege 4–8 Eier
Höchstalter	ca. 14 Jahre

Der Wellensittich stammt aus Australien. Seine gewellte Gefiederzeichnung hat ihm seinen Namen eingebracht. Der Wellensittich sieht in freier Wildbahn grün aus.

Erst durchZüchtungen wurde sein Federkleid blau, gelb usw. In seiner Heimat lebt er in Schwärmen mit Hunderten von anderen Tieren. Deshalb sollte er nie allein im Käfig gehalten werden. Er braucht täglichen Freiflug.

Wild lebende Wellensittiche sehen grün aus und haben ein gelbes Gesicht. Sie zählen zu den Papageienvögeln und leben am liebsten in Schwärmen. Wellensittiche brüten in kleinen Höhlen in Eukalyptusbäumen. Sie brüten in Kolonien. So sind sie besser vor Feinden geschützt. Um sich zu warnen, können sie viele verschiedene Laute abgeben. 1840 wurden die ersten Tiere nach Europa eingeführt.

Internetadressen zu Tieren

Die Kinder haben nachgesehen z. B. unter:

www.geolino.de
www.blinde-kuh.de
www.was-ist-was.de
www.tiere-online.de

▶ Was würdest du auswählen, um ein Plakat zum Wellensittich zu gestalten?

Die Bücherei nutzen

In der Bücherei kannst du zu verschiedenen Themen Bücher finden und ausleihen.

- Wo könntest du hier ein Buch über den Wellensittich finden?
- Suche zu deinem Lieblingstier ein Buch in der Bücherei. Berichte, wie du vorgegangen bist.

Eine eigene Bücherei für die Klasse

Die Klasse 2a will eine Klassenbücherei einrichten.
Für jedes Buch schreiben die Kinder eine Ausleihkarte.

Klassenbücherei

Bedenkt dabei:
- Wie lange darf ein Buch ausgeliehen werden?
- Wo werden die Karten der ausgeliehenen Bücher aufbewahrt?
- Wer ist für die Bücherei zuständig?

▶ Wie wollt ihr die Ausleihe von Büchern in eurer Klasse regeln?

Selbst hergestellte Bücher

Bücher selber machen

- verschieden farbige Papiere, Wellpappe
- Schere
- Tacker
- Hutgummi
- Knöpfe

▶ Stellt ein Büchlein mit „Lesetipps“ zusammen.

Das hilft dir weiter

Lexikon/Bücher/Zeitschriften
Hier kannst du etwas lesen bzw. nachschlagen, was du gern wissen möchtest.

Brief
In einem Brief kannst du eine Nachricht oder einen Gruß übermitteln. Ein Brief braucht mindestens einen Tag bis er beim Empfänger ankommt.

Faxgerät
Mit einem Faxgerät kannst du Bilder und Texte an ein anderes Faxgerät schicken. Das Faxgerät ist an das Telefonnetz angeschlossen.

CD
Auf CDs sind Musik, Text, Filme, Bilder und andere Informationen gespeichert.

Fernsehen
Das Fernsehen bringt Sendungen zu festgelegten Zeiten.

Computer
Mit dem Computer kannst du schreiben, malen, lernen und spielen. Deine Ergebnisse kannst du speichern und daran später weiterarbeiten. Du kannst auch Grüße per E-Mail verschicken.

Computer
Der Computer besteht aus dem Rechner, dem Bildschirm, der Tastatur und der Maus. Der Rechner ist das Herzstück des Computers.

Homepage

Das ist eine Internet-Seite, die von einem Computerbenutzer mit eigenen Texten und Bildern ins Internet eingegeben wurde. Du kannst dir über das Internet diese Seiten ansehen.

Internet-Adresse

Das ist die Adresse, die du angeben musst, um auf eine bestimmte Seite zu kommen. Sie beginnt immer mit www.

www.jan.de

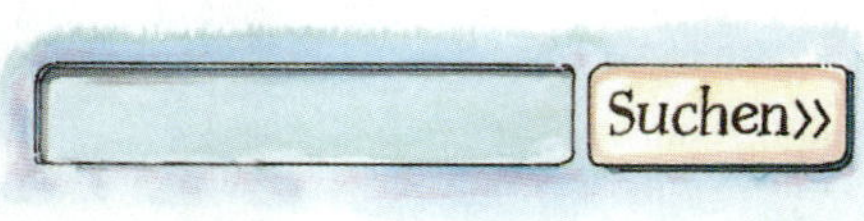

Suchmaschine

Es ist eine Internetadresse, mit deren Hilfe du Informationen zu einem Thema finden kannst.

E-Mail

Über das Internet kannst du jemandem eine Nachricht schreiben und schicken. Eine E-Mail-Adresse erkennst du an diesem Zeichen: @, das sich zwischen den Zahlen und Buchstaben befindet.

Links

Das sind Textstellen oder Bilder, die man anklicken kann, um auf andere Internetseiten zu kommen. Wenn man einen Link berührt, wird aus dem Mauspfeil plötzlich eine kleine Hand.

Computer-Virus

Das ist ein Zerstörer-Programm. Es wird oft als Anhang an eine E-Mail gehängt, um anderen zu schaden.

Denk mal ...

Vergleiche einmal: Was kann eine CD, was kann ein Computer, was kann ein Buch?
Oder sollte man besser fragen: Was kann ich mit einer CD, einem Computer, einem Buch machen?
Glaubst du, dass ein Computer etwas lernen kann?

Wir in Europa

Die Kinder der Klasse 2a haben überlegt, wer schon in welchem Land war. Sie haben auch herausgefunden, woher einige Mitschüler kommen.

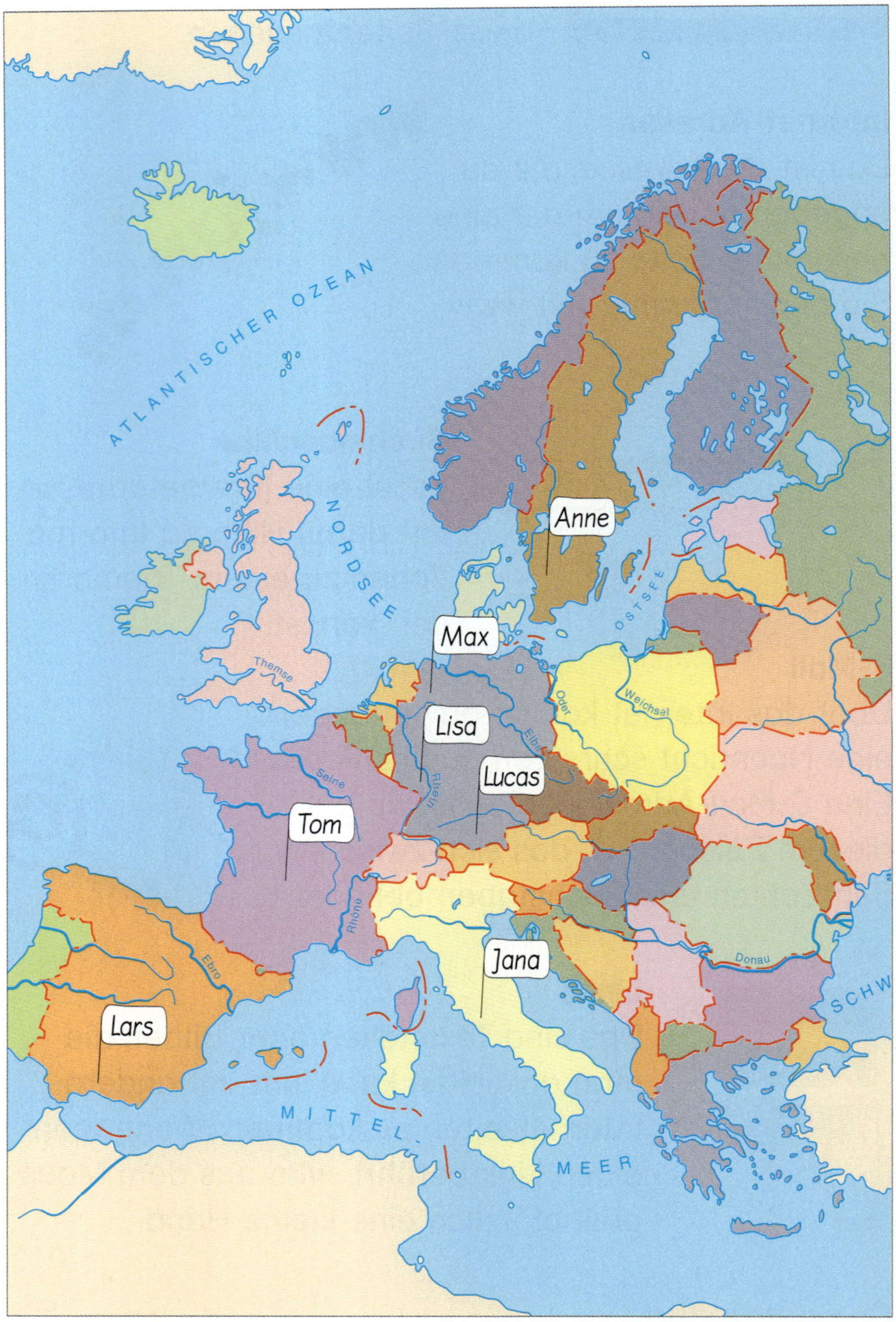

- In welchen Ländern warst du schon?
- Aus welchen Ländern kommen die Kinder aus eurer Klasse?

Einige Kinder waren in den Ferien verreist. Sie haben Urlaubs-Steckbriefe gemacht.

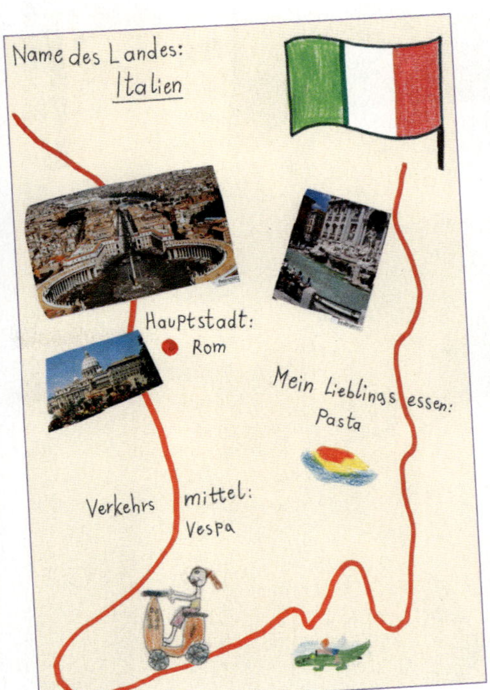

Denk mal ...

Wenn du Urlaub in einem anderen Land machst, was ist dir da fremd und was nicht? Was kannst du tun, damit dir etwas nicht mehr fremd ist?

- Was hast du im Urlaub in Deutschland oder in einem anderen Land kennen gelernt?
- Schreibe auch einen Urlaubs-Steckbrief.

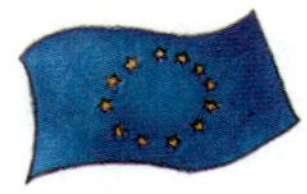

Frühstück aus anderen Ländern

Die Kinder wollen ein Europa-Frühstück vorbereiten.
Auf dem Tisch liegt vieles, was sie gern essen.

- Aus welchen Ländern könnten diese Lebensmittel kommen?
- Welche ausländischen Lebensmittel gibt es bei euch?

Die Kinder berichten von ihren Erfahrungen.
So hat Anne in Norwegen gefrühstückt:

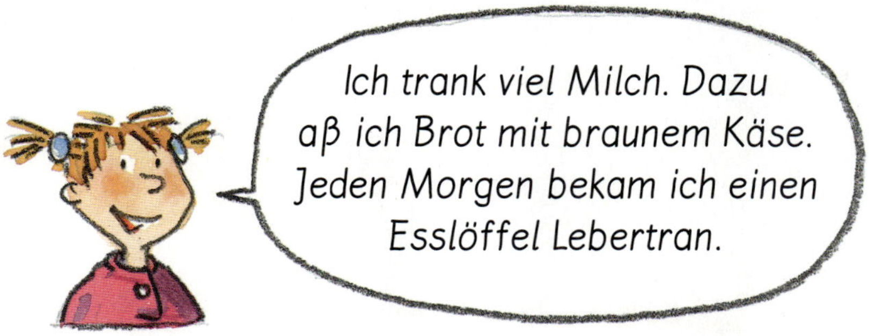

In Österreich hat Max das gegessen:

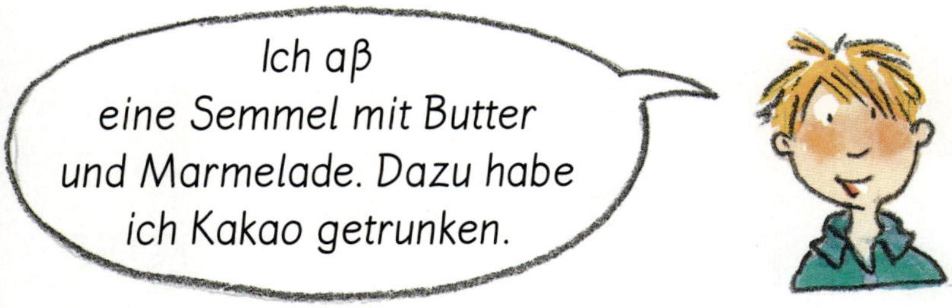

In Italien gab es bei Sarah:

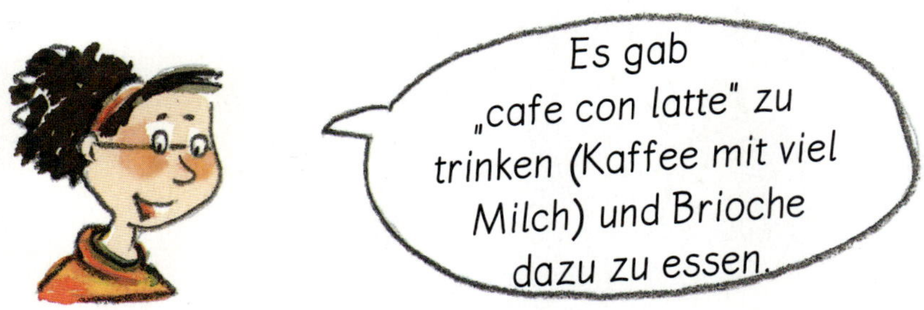

So hat Peter in Frankreich gefrühstückt:

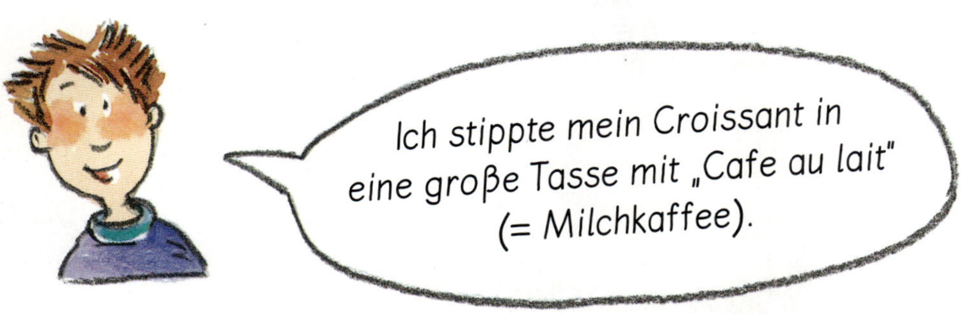

Müsli, Schweiz

Zwei EL (Esslöffel) Haferflocken, eine Tasse Milch, ein EL Rosinen, zwei EL gehackte Nüsse, ein EL Zucker und verschiedenes Obst zusammen rühren.

Gebratenes, England

In einer Pfanne mit etwas Fett Bacon (Schinken), Ei, kleine Würstchen, Tomatenscheiben und Champignonscheiben braten.

Joghurt, Griechenland

Sahnejoghurt (10 % Fett) mit 1–2 EL Honig verrühren, darüber gehackte Walnüsse streuen.

- Wie frühstückt ihr?
- Plant ein gemeinsames Frühstück mit Waren aus anderen Ländern.

Durch das Jahr

Winteranfang: 21. Dezember

Der Tag ist am kürzesten und die Nacht am längsten.

Scheint die Sonne
nur von acht bis vier,
dann steht der WINTER
vor der Tür.

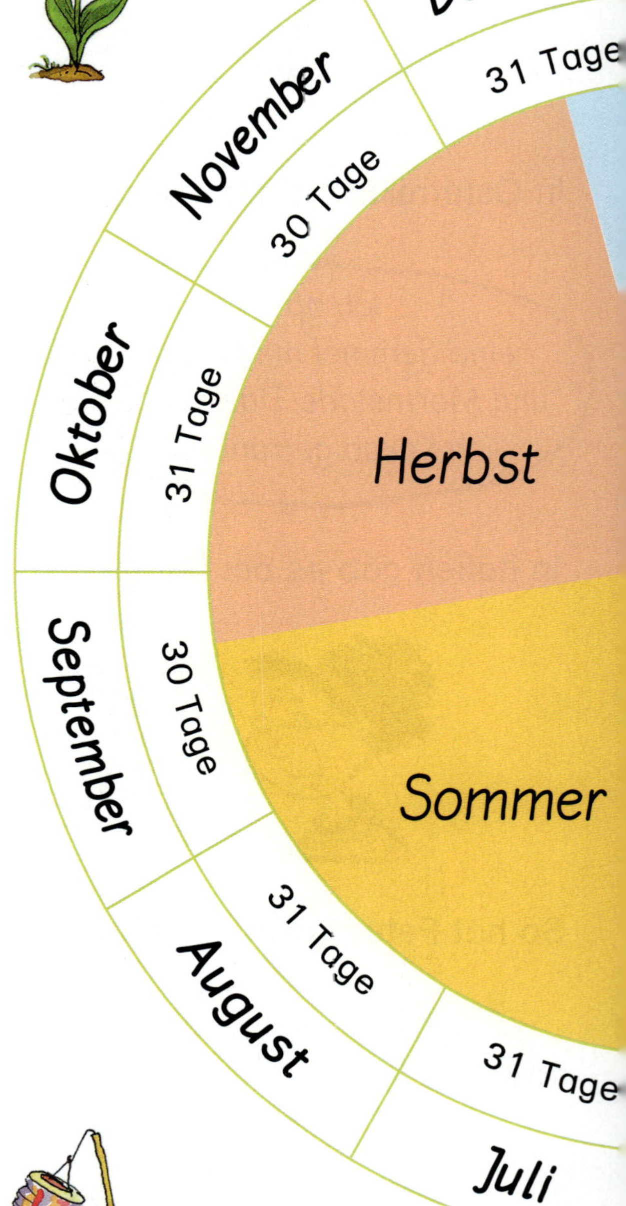

Herbstanfang: 23. September

Tag und Nacht sind gleich lang.

Zwölf Stunden Sonne
nur am Tag,
der HERBST zieht
übern Bach.

▶ Ordnet die Bilder den Monaten zu.

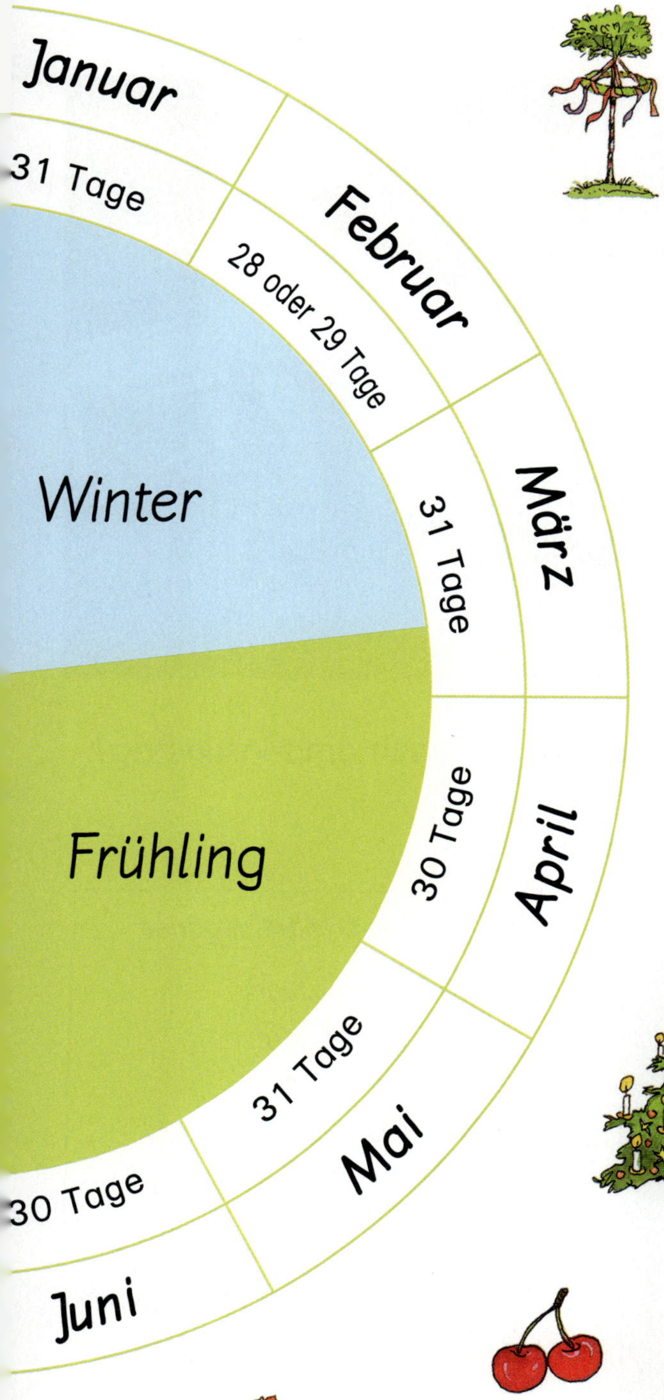

Frühlingsanfang: 21. März

Tag und Nacht sind gleich lang.

Zwölf Stunden Sonne
wieder am Tag,
der FRÜHLING zieht
übern Bach.

Sommeranfang: 21. Juni

Der Tag ist am längsten und die Nacht am kürzesten.

Scheint 16 Stunden
die Sonne hernieder,
dann sagen wir:
es ist SOMMER wieder.

▶ Gestaltet euren eigenen Jahreskreis.

Martinstag

Viele Kinder feiern am 11. November den Martinstag mit einem Laternenumzug. Martin hat durch seine guten Taten Licht und Wärme in die Welt gebracht. Die Wärme und das Licht der Kerzen sollen daran erinnern.

Sankt Martin

Martin wurde vor langer Zeit in Ungarn geboren.
Er war Soldat. Eines Abends sah er einen Bettler, der sehr fror. Martin teilte seinen warmen Mantel mit dem Schwert und gab dem Bettler einen Teil.

Laternen

- Käseschachteln
- Papiere
- Schere
- Kleber

▶ Welche Bräuche gibt es bei euch am Martinstag?

Eine Martinsgans teilen

Eine Martins-Legende

Als Martin zum Bischof gewählt werden sollte, versteckte er sich in einem Stall. Er wollte nicht Bischof werden. Doch die Gänse in dem Stall schnatterten laut los und verrieten so sein Versteck.

Rezept für 6 Martinsgänse

- *150 Gramm Quark*
- *75 Gramm Zucker*
- *250 Gramm Mehl*
- *1 Päckchen Vanillinzucker*
- *5 EL Öl und 3 EL Wasser*

- *Quark mit Öl, Zucker, Vanillinzucker und Wasser vermischen,*
- *Mehl hineinkneten*
- *20 Minuten bei 200 Grad backen lassen.*

▶ Mit wem wollt ihr eine Martinsgans teilen?

Spuren – nicht nur im Schnee

Im Schnee oder im feuchten Boden kannst du gut die Tritte und Spuren von Tieren entdecken.

Tiere hinterlassen nicht nur Trittspuren. Auch andere Hinweise verraten, welches Tier sich hier aufgehalten hat.

Haselmaus

Eichhörnchen

Winternest der Haselmaus

Netz einer Spinne

▶ Geht mit offenen Augen durch die Natur und sucht Spuren von Tieren. Sammelt oder zeichnet sie.

Winterschläfer

Von manchen Tieren kann man im Winter keine Spuren finden. Der Igel verschläft den ganzen Winter unter Ästen und Laub. Er findet im Winter keine Nahrung. Einige Tiere halten in einer Höhle unter der Erde ihren Winterschlaf, zum Beispiel der Dachs oder das Murmeltier.

Von Zugvögeln und Standvögeln

Viele Singvögel bleiben im Winter bei uns.
Wir nennen sie **Standvögel.**

Standvögel

Damit die Standvögel im Winter nicht erfrieren, wechseln sie im Herbst ihr Federkleid: die Sommerfedern werden durch Wintergefieder ersetzt, das dichter und wärmer ist.

▶ Welche Vögel gibt es im Winter bei euch?

Für andere Vögel ist es bei uns im Winter zu kalt. Sie finden dann nicht genug Futter. Deshalb fliegen sie im Herbst in wärmere Länder, z.B. nach Afrika, und kommen im Frühling wieder zurück. Diese Vögel nennen wir **Zugvögel.**

▶ Wie heißen die Vögel auf dieser Seite?

Der Storch

Der Storch ist ein Zugvogel. Anfang April kommen die Störche aus Afrika zu ihrem alten Nest zurück.

Für den Bau ihres Nestes sammeln die Störche dünne Zweige. Sie polstern das Nest. Die Störchin legt drei bis sechs Eier. Das Storchenpaar brütet acht Wochen.

Die kleinen Störche werden von den Eltern acht Wochen gefüttert. Danach können sie das Nest verlassen. Dann müssen die Jungvögel sich ihr Futter auf feuchten Wiesen selbst suchen.

Ernährung der Störche

- Fische
- Frösche
- kleine Vögel
- Würmer
- Mäuse
- Eidechsen

▶ Finde heraus, warum der Storch auf der Liste der vom Aussterben bedrohten Tiere steht.

Ein Geschenk basteln

Eine Klammermaus als Zettelhalterin ist ein Geschenk zu verschiedenen Anlässen.

Klammermaus

- Tonkarton in rot und schwarz
- Wäscheklammer aus Holz
- ein paar Borsten (Besenhaare)
- Schere, Klebstoff,
- Wollfaden als Schwanz

1.

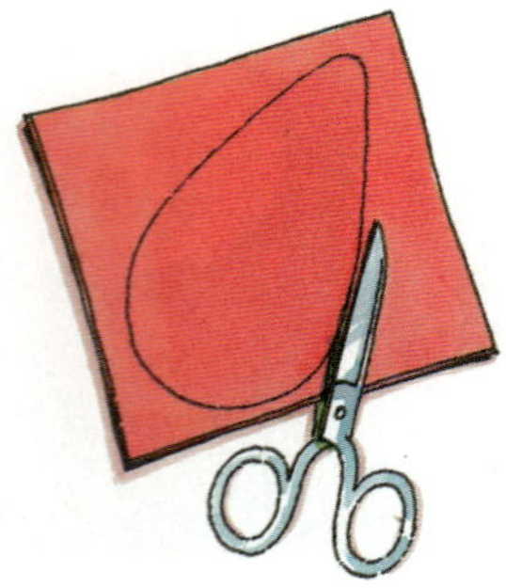

2.

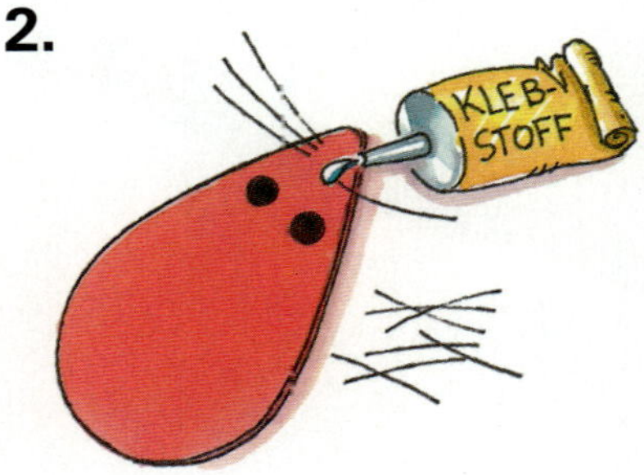

3.

4.

5.

6.

Meine Mama
mag Mäuse.
Mich hat sie so lieb.
Manchmal sagt sie:
„Mein Mäuslein!"
Und ich sage:
„Piep!"

Ute Andresen

Ich geb' dir meine schönste Hand
und einen dicken Kuss dazu.
Ich mag dich wie ein Elefant
so groß und immerzu.

Michael Ende

▶ Schreibe ein Gedicht in deiner schönsten Schrift auf einen Zettel. Klemme ihn in die Klammermaus!

Erfrischendes an heißen Tagen

Braucht ihr für das Sommerfest noch etwas zum Anbieten?

Erdbeerbowle

Zutaten:	Zubereitung:
150 g Puderzucker	in etwas Apfelsaft auflösen
2 Fl. Apfelsaft	
750 g Erdbeeren	waschen, zum Apfelsaft geben
2 Fl. Mineralwasser	kurz vor dem Servieren unterrühren

FRÜCHTEQUARK

Zutaten:	Zubereitung:
Sahnequark	in eine Schüssel geben
Himbeeren oder Johannisbeeren oder Blaubeeren	pürieren
	Früchte vorsichtig unter den Quark rühren
Rohrzucker oder Ahornsirup	

Sommersalat

Zutaten:	Zubereitung:
Grüner Salat	Blätter in mundgerechte Stücke zupfen
Tomaten	in Achtel schneiden
Gurken	würfeln
gelbe Paprika	
1 El. Essig, Salz, Pfeffer, 3 El. Öl	verrühren dazugeben
Edamer oder Gouda-Käse	in Würfeln oder gehobelt dazugeben

Heißes an heißen Tagen

„Heißes hilft gegen Hitze“ sagt man z. B. in Marokko oder der Türkei. Dort trinkt man gerade im heißen Sommer sehr viel heißen, gesüßten Pfefferminztee.

▶ Schreibt die Rezepte auf und gebt sie den Gästen mit.

ABC des Lernens

Du sammelst Informationen.

... aus Sachbüchern oder dem Lexikon (S. 62/63)

... durch Befragen von Fachleuten (S. 52)

... durch eigenes Beobachten und Ausprobieren (S. 58)

... durch Gespräche mit Eltern und Großeltern (S. 35)

... durch Ausstellungen (S. 5)

... aus dem Internet, aus Filmen und Videos (S. 75)

Du ordnest die Informationen, prüfst sie und wählst sie aus.
Dann kannst du Informationen weitergeben.

... an einer Pinnwand (S. 9)

... an einer Wäscheleine (S. 65)

... in einem eigenen Buch (S. 77)

... auf einem Ausstellungstisch (S. 65)

... auf Karteikarten (S. 23)

... in einem Steckbrief (S. 42)

Stichwortverzeichnis

Abbildungs- und Fotonachweis

S. 10: Michel, Th., Wald-Michelbach, S.11, 12, 15 o., m., u.l.: Foto-Geuther, Rötha; u.r.: Waldmann-Meßmer, U., Berlin; S. 16, 17: Foto-Geuther, Rötha; S. 18 o.l.: Stockfood, L. Masson Photographie, München; o.r.: MEV, Augsburg; m.l.: Corbis, Düsseldorf; m.r.: Creativ Collection; u.: Dierks, W., Buchholz; S. 19: Dierks, W., Buchholz;. S. 22, 24 o.l., o.r., m.l., m.r.: Foto-Geuther, Rötha, u.: Schüürmann, A., Linnich; S. 28: m.l.: Foede, A. Zschortau; m.r.: MEV; u.l.: PhotoAlto, Rozenbaum, I., Paris; u.r.: Corbis, Kaehler, W., Düsseldorf; S. 29: Siebenmorgen, S., Oberhausen; S. 30, 31 o.: Foto-Geuther, Rötha; S. 31 u.: Siebenmorgen, S., Oberhausen; S. 32, 33 o.l., o.r., m.l., m.r.: Foto-Geuther, Rötha; S. 33 u.l., u.r.: Krekeler, H., Hanstedt; S. 34: Frenzel, R., Nideggen; S. 35: Bunk, H.-D., Duisburg; S. 35 u.r.: Michel, Th., Wald-Michelbach; S. 38 o.: Foto-Geuther, Rötha; u.l.: MEV, Augsburg, u.r.: Junghans, Schramberg; S. 39 o.: Haasch, G.,Leipzig, u. Foto-Geuther Rötha; S. 40: Foto-Geuther, Rötha; S. 41: Horländer, B., Zweibrücken; S. 45 o.: Foede, A., Zschortau; S. 45 u.: Dierks, W., Buchholz; S. 49: © Topographische Karten: Landesvermessungsamt NRW, Bonn, 2003 014 und GEO-INSTITUT, H. Muermann GmbH & Co., Porta Westfalica; S. 50: trapho, Elmshorn; S. 51: Foto-Geuther, Rötha; S. 52 o.l.: archivberlin, Berlin; S. 52 o.r.: photopool, Hersbruck; S. 52 m.l.: Corbis, Lefkowitz, L.; m.r.: Corbis, Gupton, Ch., Düsseldorf; u.: Siebenmorgen, S., Oberhausen; S. 53: Dierks, W., Bucholz; S. 55, 56, 57, 60, 61: Foto-Geuther, Rötha; S. 64: Waldmann-Meßmer, U., Berlin; S. 66 o., u.l.: Knoll, C., Olching, u.r.: Mauritius, Schrempp, Mittenwald; S. 67: o.r., m., u.r.: Knoll, C., Olching; S. 67 o.l: Krekeler, H., Hanstedt, S. 67 u.l.: Foto-Geuther, Rötha; S. 68 o.: Bilderberg, Bailey, A., Hamburg; m.l.: Arco, Meul, J., Lünen; m.m.: Corbis, Ken Wilson/Papilio, Düsseldorf; m.r.: Blickwinkel, Assmann, D., Witten; u.: Siebenmorgen, S., Oberhausen; S. 69 o.l., o.r., u.l.: Foto-Geuther, Rötha, u.r.: Waldmann-Meßmer, U., Berlin; S. 80: Klett-Perthes, Gotha; S. 82: Foede, A., Zschortau; S. 86 o.: Siebenmorgen, S., Oberhausen; u.: Foto-Geuther, Rötha; S. 89 o., m.r.: Angermayer, T., Holzkirchen, S. 89 m.l.: Okapia, Frankfurt; S. 89 u.: IFA, Ottobrunn

Quellen

S. 90: Ute Andresen, Aus: ABC und alles auf der Welt, Otto Maier Verlag, Ravensburg, o. J.

Trotz umfangreicher Bemühungen ist es nicht gelungen, in wenigen Fällen die Rechteinhaber für Texte einiger Beiträge ausfindig zu machen. Der Verlag ist hier für entsprechende Hinweise dankbar. Berechtigte Ansprüche werden selbstverständlich im Rahmen der üblichen Vereinbarungen abgegolten.

KUNTERBUNT
Sachbuch 2

Herausgegeben von
Horst Bartnitzky und Hans-Dieter Bunk

Erarbeitet von Horst Bartnitzky, Hans-Dieter Bunk, Wiebke Dierks, Beate Horländer, Anja Schüürmann

Illustrationen von Peter Barczewski, Popeia Herzog, Helga Merkle, Klaus Müller, Dorothea Tust

Erstausgabe 1998,
erarbeitet von Hans Dieter Bunk

Zum Unterrichtswerk **KUNTERBUNT**
für das 2. Schuljahr gehören:

Sachbuch 2	270215
Arbeitsheft zum Sachbuch 2	270216
Lesebuch 2	270110
Sprachbuch 2 in VA	270010
Sprachbuch 2 in LA	270011
Sprachbuch 2 in SAS	270012
Arbeitsheft zum Sprachbuch 2 in VA	270021
Arbeitsheft zum Sprachbuch 2 in LA	270022
Arbeitsheft zum Sprachbuch 2 in SAS	270023

1. Auflage A 1 5 4 3 2 1 | 2007 2006 2005 2004 2003

Alle Drucke dieser Auflage können im Unterricht nebeneinander benutzt werden, sie sind untereinander unverändert. Die letzte Zahl bezeichnet das Jahr dieses Druckes.

Internetadresse: http://www.klett-verlag.de

Umschlag: Ulf Jenninger unter Verwendung
einer Illustration von Dorothea Tust
Grundkonzept: T. Lemme, Berlin
Satz: Sittauer Medien Design, Leipzig
Druck: Wirtz Druck, Speyer
ISBN 3-12-270215-0

9 783122 702151